U0800828

零起点学财务控制

周龙腾 编著

中国宇航出版社
·北京·

图书在版编目（CIP）数据

零起点学财务控制 / 周龙腾编著. --北京：中国宇航出版社，2014.3

ISBN 978-7-5159-0631-7

Ⅰ. ①零…　Ⅱ. ①周…　Ⅲ. ①企业管理-财务管理　Ⅳ. ①F275

中国版本图书馆CIP数据核字（2014）第017198号

策划编辑	董　琳	封面设计	文道思
责任编辑	李　立　董　琳	责任校对	许　磊

出版 发行	中国宇航出版社		
社　址	北京市阜成路8号 (010)68768548	邮　编	100830
网　址	www.caphbook.com		
经　销	新华书店		
发行部	(010)68371900 (010)68768541		(010)88530478(传真) (010)68767294(传真)
零售店	读者服务部 (010)68371105		北京宇航文苑 (010)62529336
承　印	北京嘉恒彩色印刷有限公司		
版　次	2014年3月第1版		2014年3月第1次印刷
规　格	880×1230	开　本	1/32
印　张	4.5	字　数	121千字
书　号	ISBN 978-7-5159-0631-7		
定　价	15.00元		

本书如有印装质量问题，可与发行部联系调换

前言

企业若想运营良好离不开财务控制。财务控制，通俗来讲就是对一个企业的资金筹集、资金投入、资本收益等各环节的过程和结果进行衡量、校正，从而使企业的理财目标和理财计划得以实现。本书从采购环节、生产环节、销售环节、筹资环节等企业运转的各个环节入手，分析在每个过程中财务管理的运行机制及达到的效果，最后通过分析偿债能力，做出最有利的投资决策。本书附有大量案例，希望为读者提供一个高效的学习平台。除此之外，本书具有以下几个方面的特点。

构架清晰，思路明确

为了给读者提供一个快速掌握财务控制的读本，本书没有对制度相关背景资料做详细阐述，也没有进行更多的理论分析 ，而是以企业运转的各个环节为提纲，讲述如何通过财务控制做出相应的决策，便于读者按需查询，简单明了。不仅如此，本书在每项业务解读中设置了业务概述、业务处理和案例分析三大要点，便于读者在最快的时间内理解掌握该环节的财务控制方法。

图文并茂，乐趣性强

本书在每一项业务讲解中，理论性的文字概述篇幅占比较少，重点采取案例形式，将各个环节财务控制的方法和达到的效果清晰地展现在读者面前，以通俗易懂的语言剖析如何达到最佳效果的处理方法等，使抽象的财务控制理论和方法简单化、形象化。而且，每个案例都是由实际业务操作数据改编而来，贴近真实情景，具有非常好的实际应用效果。重点是我们在每章的讲解中添加了很多有趣的图片，使图书看起来不死板，读起来趣味性强。

针对性强，快速掌握

在整体框架体系内，本书选取的业务类型都是日常管理中遇到的典型情况，其中不乏难点和重点，便于读者直击盲点，迅速掌握。

本书既可以作为新手入门指导，也可以为财务控制人员提供准则更新解析。最后，对一贯支持我们的广大读者朋友和对本书的出版付出努力的朋友一并表示感谢。

作　者

2014 年 3 月

目录

第一章　财务控制初印象

财务控制的特征 …… 3
财务控制的七大方式 …… 4
财务控制的作用和局限性 …… 7

第二章　采购环节的财务控制

建立采购内部控制制度 …… 11
加强采购控制：会计监督与合同 …… 14
建立内部资金控制制度 …… 17
如何确定现金最佳经济持有量 …… 19
建立存货内部控制制度 …… 22
如何确定最佳经济订货量 …… 24

第三章　生产环节的财务控制

建立生产环节内部控制制度 …… 29
如何确立生产流程 …… 31
如何建立生产环节财务控制流程 …… 33
如何测试生产环节内部控制制度 …… 37

如何利用分步法控制产品成本 …… 40
如何利用分批法控制产品成本 …… 43

第四章 销售环节的财务控制

如何建立销售业务内部控制 …… 47
如何开展销售确认和管理 …… 49
如何制定信用政策 …… 53
如何减少坏账发生 …… 56
如何制定一般的赊销政策和出口赊销管理 …… 59
如何制定专门针对高风险客户的赊销政策 …… 62
如何评估赊销风险 …… 64

第五章 筹资环节的财务控制

如何制定营运资金政策 …… 69
如何利用股票、债券、长期借款、融资租赁筹资 …… 73
如何筹集短期资金 …… 82
如何控制筹资成本 …… 86
怎样优化资本结构 …… 89

第六章 轻松看透企业的偿债能力

如何分析投资环境 …… 95
如何运用投资评估方法 …… 97
如何评估投资项目现金流 …… 101

如何控制速动资产…………………………………………………… 104
如何控制存货的持有数量……………………………………………… 107
如何分析长期投资…………………………………………………… 110
如何分析固定资产投资……………………………………………… 113

第七章　经营的财务控制

如何编制现金预算…………………………………………………… 119
如何系统地控制成本………………………………………………… 121
如何实施目标成本控制……………………………………………… 123
如何实施标准成本控制……………………………………………… 126
如何进行成本习性分析……………………………………………… 129
如何计算保本点……………………………………………………… 131
如何运用量、本、利分析方法……………………………………… 132
如何进行利润分配…………………………………………………… 134

第一章 财务控制初印象

财务控制，通俗来讲就是对一个企业的资金投入环节、收益环节的整个过程和结果进行衡量、校正，从而使企业的理财目标(根据现代财务理论，即企业价值最大化)和理财计划(为了达到该目标所制定的计划)得到实现的过程。

在这一章，你将会知道

◇ 财务控制的特征。

◇ 财务控制的七大方式。

◇ 财务控制的作用和局限性。

财务控制的特征

财务控制，是指按照一定的程序与方法，确保企业及其内部机构和人员全面落实和实现财务预算的过程，是内部控制的一个重要组成部分。那么，财务控制有什么特征呢？

财务控制具有以下三种特征：

(1)以价值形式为控制手段。

(2)以不同岗位、部门和层次不同的经济业务为综合控制对象。

(3)以控制日常现金流量为主要内容。

财务控制的七大方式

财务控制存在于企业经济活动的方方面面，其对企业生产经营的影响非常巨大，因此采取何种特定、规范化的财务控制方式将对企业经营情况产生不同的影响。那么，财务控制主要包含哪些方式呢？

一、组织规划控制

根据财务控制的要求，一个人不能兼任同一部门财务活动中的不同职务（即不相容职务相分离原则）。单位的经济活动通常包括授权、签发、核准、执行和记录五个步骤，每个步骤均有相对独立的人员或部门来负责与实施，这样才能保证财务控制的有效顺利推进。

二、授权批准控制

授权批准控制指对于单位内各部门及其职员而言，在处理经济业务的过程中应存在一定权限控制。即经过授权批准的业务才得以进行，否则无权审批。这种做法可以保证单位贯彻实施既定方针，也可以限制对职权的滥用行为。

三、预算控制

预算控制全过程包括：采购、生产、销售、筹资、投资、管理等经营活动。实施基本要求为：

（1）所编制预算必须体现单位的经营管理目标，并明确责任。

（2）预算在执行过程中应当允许经过授权批准对预算进行调整，以便预算更加切合实际。

(3)应当及时或定期反馈预算的执行情况。

四、实物资产控制

实物资产控制可以分为限制接近控制和定期清查控制。限制接近控制是要控制对实物资产及其有关文件的接触，如现金、银行存款等，除出纳人员和仓库保管人员外，其他人员限制接触，以保证资产的安全；定期清查控制是指定期进行实物资产清查，保证实物资产实有数量与账面记载相符，如不符，应查明原因，及时处理。

五、成本控制

成本控制分粗放型成本控制和集约型成本控制。粗放型成本控制是从原材料采购到产品的最终售出进行控制的方法，具体包括原材料采购成本控制、材料使用成本控制和产品销售成本控制三个方面；集约型成本控制一方面是通过改善生产技术来降低成本，另一方面是通过改善产品工艺来降低成本。

六、风险控制

风险控制就是尽可能地避免出现对企业日常经营有影响的各类可预料和不可预料的风险，通常企业主要防范的是经营风险和财务风险。经营风险是指因生产经营方面的原因给企业盈利带来的不确定性；财务风险又称筹资风险，是指由于举债而给企业财务带来的不确定性。经营风险和财务风险对企业的发展具有很大的影响，因此企业在进行各类决策时，必须尽力规避这两种风险。

七、审计控制

审计控制主要指内部审计，是企业对内部经营状况的“自检”。通过“自检”确定企业相关政策的程序是否贯彻，建立的标准是否有利于资源的合理利用，以及单位的目标是否达到。内部审计的内容十分广泛，一般包括内部财务审计和内部经营管理审计。内部审计对会计资料的监督、审查，不仅是财务控制的有效手段，也是保证会计资料真实、完整的重要措施。

财务控制的作用和局限性

财务控制作为现代企业管理水平的重要标志，它运用特定的方法、措施和程序，通过规范化的财务控制手段，对企业的财务活动进行控制和监督。财务状况是一个企业经营情况的重要表现，因此财务控制对企业来说非常重要。

一、财务控制的作用

首先，财务控制有助于企业实现经营方针和目标，它既是工作中的实时监控手段，也是评价标准。

其次，财务控制有助于保护单位各项资产的安全和完整，防止资产流失。

最后，财务控制能够保证业务经营信息和财务会计资料的真实性和完整性。

小案例

某公司在实施2013年全面预算的时候，发现该公司下属的物业公司的收支预算不合理。经过检查，该公司负责人发现物业公司承担了很多“吃力不讨好”的工作，如承担保洁人员的工资、负责保洁产品的报销工作。经过调整，该负责人制定计划将费用进行分流，保洁人员的工资由业主直接发放，保洁产品的采购也直接由业主与保洁公司洽谈。

该公司通过财务方面的管理和控制，在有效完成当年财务目标的同时，减少纳税50万元，有效减少损失45万元。

二、财务控制的局限

“金无足赤，人无完人”，管理制度也是一样。良好的财务控制虽然能够发挥上述作用，但无论控制的设计和运行多么完善，都无法消除其本身固有的局限：

（1）受成本效益原则的局限。

（2）财务控制人员由于判断错误、忽略控制程序或人为作假等原因，导致财务控制失灵。

（3）管理人员的行政干预，致使建立的财务控制制度形同虚设。

采购环节的财务控制

采购环节是企业资金周转的关键环节。只有及时组织好资产的采购、验收与存储等业务，才能保证生产的正常运行，降低资产采购成本，减少损失和浪费，增加资金的使用效果。为此，应加强资产采购环节的财务控制。

在这一章，你将会知道

◇ 如何建立采购内部控制系统。

◇ 如何加强采购控制：会计监督与合同。

◇ 如何建立现金内部控制制度。

◇ 怎样确定现金最佳经济持有量。

◇ 怎样建立存货内部控制制度。

建立采购内部控制制度

采购业务是企业进行生产的一个重要环节，因此一个完善的内部控制制度必然会对这一业务进行比较严密的控制。构建一个完善的采购内部控制制度，通常从明确采购内控要求、运用控制方法、熟悉控制技巧这三方面入手。

一、明确采购内控要求

采购活动是企业产品生产销售的基础，同时又由于涉及到公司资金的大规模流动，因此针对采购活动，企业一般都会有比较明确的内控要求。

(1)采购工作中的计划、订货、验收、结算等各个环节都必须分工负责。

(2)采购人员除经特别授权外不得擅自改变采购内容，只能按批准的品种、规格、数量进行采购。

(3)采购业务均要签订采购合同。

(4)购货款必须在认真审核、核对购货合同之后，方可付款结算。

(5)购货款必须通过银行结算。

(6)采购的物资须经过验收后方可入库。

(7)采购过程的损耗必须查明原因，经审核批准后方可处理。

二、采购内部控制运用的控制方法

采购内部控制运用的控制方法如表2－1所示。

表 2－1　采购内部控制运用的控制方法

控制方法	具体描述
定额控制	根据生产计划、实物消耗定额制定实物数量和资金定额，控制合理储备，并控制实物采购，实现采购计划
	根据产品消耗定额控制发料和工艺过程的耗用量
计划控制	根据实物收入、发出和结存计划，对实物购进业务实施计划管理与控制
	通过年度、季度和月度用料计划来制定供应计划和采购计划、控制实物的采购领用和库存，并据以准备采购资金
合同控制	根据供应和采购计划，提出需要购买的实物，经批准并授权后，组织实物供应，签订实物订货合同
	根据企业需要的实物，依照《合同法》与供货单位签订合同，确定供应实物的品种、类别、数量、单价、规格、质量、日期和运输、包装以及按期、按质、按量保证供应的相关条款
	按照合同组织进货，计划外进货应先得到批准
职能分工控制	请购：根据生产需要和实物储备情况，由生产和仓储部门提出请购单，经批准后，交采购供应部门办理
	订购：采购部门收到批准的请购单后，还应与采购计划进行核对，确定采购实物的品种、规格、数量，指定采购人员组织采购，大宗实物与供应单位签订合同，并将合同副本分送会计、会计监督以及请购部门，以便检查合同执行情况
	验收：应建立催收制度督促供货单位按期交货。采购的实物运到后，须由验收部门清点数量，检验质量
	付款：收到收料单、验收单和进货发票后，应与合同(副本)进行核对，核对无误并经财务主管审核后，办理结算货款，同时在发票上加盖“付讫”戳记
	记账：根据各原始凭证，编制记账凭证，登记实物明细分类账和总分类账

（续表）

控制方法	具体描述
账簿体系控制	为了保证实物数量和成本的正确性，系统地反映实物发存情况，应设置实物总分类账，同时也要按各实物、用品的品名、规格和存放地点设置明细账
实物控制	对实物实行分类保管、定位存放，及时清点核对，保证安全；还要定期或不定期进行盘点，由仓储、实物采购与财会部门组成盘点小组，运用与实物出入库相同的计量仪器和计算方法，点清数量、查明质量

三、熟悉控制技巧：巧用三张单

“物资采购申请单”：办理申请手续。各部门所需要的材料、商品和其他物资，或者仓储部门认为某种货物的储备量已降到最低库存以下而需要补充时，应当通过填写“物资采购申请单”，申请购货。

“采购订货单”：规范采购活动。企业大宗购买业务尽可能签订合同并使用订货单制度，以实现采购活动的规范化。“采购订货单”是供应部门进行采购活动的一种业务执行凭证，也是购销双方应当共同遵守的一种契约，这不仅使采购业务在开始时就置于计划控制之下，而且可以在任何时候、任何环节下对整个业务进行检查。

“入库单”：严格验收之后才可入库。采购部门购回的各类物资，都要及时送交检验部门检验，对于质量检验合格的物资，由采购人员持检验人员出具的书面证明送交仓库验收。由验收人员对照发货单位的发货票和购货订单等，对每种货物的品名、规格、数量进行检查，并在保证正确、相符的基础上填写“入库单”。

加强采购控制：会计监督与合同

企业实物的收、发、存业务非常频繁，不可能对每一实物收、发、存业务的内部控制系统进行详细审核、查实。同时，由于企业的日常采购非常频繁，因此企业也需要通过对采购合同的控制来加强采购环节的整体控制。

一、会计监督

会计监督包括很多部分，为了能够更加清晰地了解会计监督的步骤，我们主要从以下几个部分进行描述：监督请购、监督采购、监督验收、监督存储以及监督的确认与记录。

(1)监督请购。

应检查请购单是否由相关部门的人员根据实际需求共同填制并经过合理授权，确认无误之后方能进一步进行采购活动。

(2)监督采购。

主要监督采购部门的整体采购过程是否规范。如采购部门在收到请购单后，是否依据经过批准的请购单办理订购手续；对每一张订购单的签发是否执行了必要的程序；对一些大额、重要的采购项目，监控采购部门是否在保证供货的质量、及时性和降低成本等方面采取了有效措施。

(3)监督验收。

采购控制也包括物品在采购回来之后的验收，而验收的监督主要是通过比较验收单中所列的相关产品信息与订购单上的信息是否相符，然后再盘点商品并检查商品有无损坏。同时，需要注意的是将货物送交仓库或其他请购部门时，应取得经过签字的收据，以确立他们对所采购的资产应负的保管责任。

(4)监督存储。

监督存储就是在存储环节上对采购回来的已验收商品进行保管，将保管与采购的其他职责相分离，可减少未经授权的采购和盗用商品的风险。存储过程的监督要从入库前的清查、入库后的监管一直到出库前的交接。

(5)监督的确认与记录。

在整个会计监督的过程中，我们已经发现前面无论是从请购还是从存储方面，相应的单据凭证是必不可少的。因此应付凭单部门应该按要求正确编制付款凭单，同时正确确认验收货物的债务。

二、合同控制

合同是目前采购过程中非常重要的一个凭证，为了提高合同方面的控制，我们要从合同的合法性、适用性和执行情况三个方面检查，进而控制采购。

(1)确保合同合法性。

合同的合法性主要体现在三个方面：首先，是合同签订前需要明确签约双方和签约本身是否合法；其次，需要考虑签约后合同的内容和标的物是否明确合法；最后，还要避免有人利用合同搞违法的活动。

小案例

某企业与另一企业在业务合作中对于客户投诉处理的约定如下：“甲方将在收到用户投诉之日起 X 个工作日内将投诉资料提交乙方，并由乙方负责在收到投诉资料后的 X 个工作日最终妥善解决。”这个条款本身并无问题，但条款中规定的时限超过了行业主管部门规定的投诉处理时限，这也将为条款带来合法性问题。

(2)提高合同适用性。

合同内订购的存货，必须符合存货采购计划要求和生产部门的需要，并符合生产进度安排，以防止停工待料。如果生产部门经核准的存货请购申请单提出的需要量大，而按合同订购的数量少，则需要增加订购量，反之应减少订购量。

(3)检查合同执行情况。

检查合同的执行情况是为了能够避免合同未能按期履行或者合同虽已履行，但相应的合同进货长时间没有验收入库的情况。在检查可能出现的问题时，应该及时跟进合同的履行以及通过各类账户的记录进行逐笔核对，以查明可能出现的问题并及时解决。

建立内部资金控制制度

现金是企业中流动性最强的货币资金，是可以立即投入流动的交换媒介，可以及时有效地用来购买商品、货物、劳动或偿还债务，因此财务控制必须要通过制定相关的制度来规范现金流。

一、了解与现金相关的规定

无规矩不成方圆，我国对企业使用现金的规定如表2-2所示。

表2-2 我国对企业使用现金的规定

范围	支付职工工资、津贴；支付个人劳务报酬；根据国家规定颁发给个人的各种奖金；支付各种劳保、福利费用以及国家规定的对个人的其他支出；向个人收购农副产品和其他物资的价款；出差人员必须随身携带的差旅费；结算起点以下的零星支出；中国人民银行确定需要支付现金的其他支出
库存现金限额	企业库存现钞，由其开户银行根据企业的实际需要核定限额，一般以3~5天的零星开支额为限
现金	不得坐支现金
银行账户	不得出租、出借银行账户
支票	不得签发空头支票和远期支票
银行信用	不得套用银行信用
公账	不得保存账外公款，不得将公款以个人名义存入银行，不得保存账外现钞或其他形式的账外公款

二、建立现金收入的内部控制

(1)聘用诚信可靠和职业道德良好的员工。应仔细审查员工是否有不良的个人品质。

(2)合理分工。指定特定的员工来担任出纳或管理现金的收支业务。

(3)合理授权。只有指定的员工才有权批准顾客赊购商品。

(4)职责分离。出纳和分管现金的员工不得接触会计记录。

(5)进行内外部审计。内部审计人员检查本企业的业务是否与管理制度相符;外部审计人员可检查现金收入的内部控制,确定由会计系统产生的与现金收入相关的营业收入、应收项目是否准确。

三、健全现金支出的内部控制

(1)合理分工。由专门的员工批准需付款的购货凭证,高级管理人员批准并签发支票。

(2)合理授权。大额开支必须由法人授权,以确保与企业目标相一致。

(3)职责分离。计算机程序员和其他管理现金支票的员工不得接触会计记录。

(4)实行内外部审计。内部审计人员审查企业业务是否与管理制度一致;外部审计人员可审查现金支出的内部控制,以确认会计系统所产生的费用及资产与现金支出相关的其他项目的金额是否准确。

如何确定现金最佳经济持有量

现金管理除了做好日常收支、加速现金流转速度外，还需控制好现金持有规模，即确定适当的现金持有量。在这里，我们可以利用成本分析模式和随机模式进行分析，也可以根据公式确定现金最佳经济持有量。

一、运用成本分析模式

成本分析模式是一种综合考虑多种成本的分析模式，在理解本模式前，首先要明确三种成本。如表 2－3 所示。

表 2－3　成本分类

分类	内容
机会成本	现金作为企业的一项资金占用是有代价的，这种代价就是指为了实现某个目标而必须放弃的其他收益，又称为“替代性成本”，就是俗语说的“有得必有失”
管理成本	企业拥有现金会发生管理费用、安全措施费，这些费用是现金的管理成本。管理成本是一种固定成本，与现金持有量之间无明显的比例关系
短缺成本	现金的短缺成本是因缺乏必要的现金，不能应付业务开支所需，而使企业蒙受损失所付出的代价。现金的短缺成本随现金持有量的增加而下降

小案例

如果农民选择养猪就不能选择养鸡，则养猪的机会成本就是放弃养鸡的收益，养鸡的机会成本就是放弃养猪的收益。

理论上，当上述三项成本之和为最小时的现金持有量，就是我们所需要的最佳持有量；反映在模型上，即如果把以上三种成本线放在一个图上（如图2－1所示），就能表现出持有现金的总成本，找出最佳现金持有量的点：机会成本线向右上方倾斜，短缺成本线向右下方倾斜，管理成本线为平行于横轴的平行线，总成本线便是一条抛物线，该抛物线的最低点即为持有现金的最低总成本。

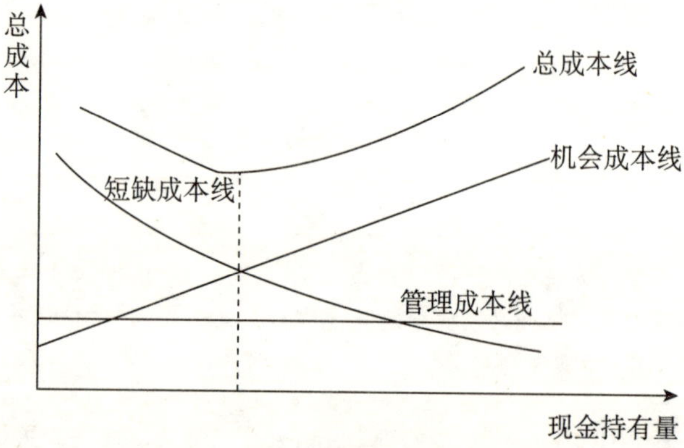

图2－1　现金持有量与总成本关系图

运用成本分析模式确定现金最佳持有量，只考虑因持有一定量现金而产生的机会成本和短缺成本，不考虑管理成本。当机会成本等于短缺成本时，相关总成本最低，因此最佳现金持有量是机会成本等于短缺成本时的现金持有量。

二、运用随机模式

对企业来讲，现金需求量往往波动大且难以预知，但企业可以根据历史经验和现实需要，测算出一个现金持有量的控制范围，即制定出现金持有量的上限和下限，将现金持有量控制在上下限之内。当现金量达到控制上限时，用现金购入有价证券；当现金量降到控制下限时，则抛售有价证券换回现金；若现金量在控制的上下限之内，便保持现有存量。

随机模式一般适用于企业未来现金流量呈不规则波动、无法准确预测的情况。

建立存货内部控制制度

存货是企业经营过程中的流动资产，包括原材料、辅助材料、燃料、包装物及劳动保护品、协作品、商品等。在建立内控制度之前，先要了解什么是良好的存货内部控制制度，然后采取切实可行的措施，建立起完善的存货内部控制制度。

一、了解良好的存货内部控制制度

良好的存货内部控制包括很多的方面，主要就是为了能够确定货物在内部存储过程中最大限度的发挥价值，包括：无论采用什么盘存方法，每年至少要实地盘点一次存货；建立高效的采购、验收和运输程序；保管好存货，以防损坏、被盗和变质；对贵重商品保持永续存货记录；运用经济订货量，按较经济的数量购买存货等。

二、建立内控制度

良好的存货内部控制制度不仅能节约存货采购成本，还能提高存货的安全性，实现存货资源的优化配置。存货内控制度主要包括以下几部分：

(1)存货收入应填制各类单据。

(2)有关存货的工作贯彻分工负责原则。存货的领用、发出、审核、保管、记账均贯彻分工负责原则。

(3)对存货同时实施金额和实物控制。对存货不仅要实施金额控制，而且要实施实物控制。

(4)存货货物经手人远离会计记录。

(5)每年进行实地盘点存货。再好的会计系统也会出现错误，盘点对确定存货的正确与否起关键作用。当发现错误时，应立即调整会计记录，使其与实地盘点数一致。

如何确定最佳经济订货量

企业的存货，太多了占用资金又占用场地，太少了又怕不能保证正常的生产和销售，因此确定一个比较合理的经济订货量是非常有必要的。

一、明确基本假设

经济订货量假设的条件包括以下几方面：

(1)企业能够及时补充存货，即需要订货时便可立即取得存货。

(2)能集中到货，而不是陆续入库。

(3)不允许缺货，即无缺货成本，这是因为良好的存货管理本来就不应该出现缺货成本。

(4)一定时期的需求量可准确预测。

(5)存货单价不变，不存在数量折扣，不考虑现金折扣，即存货单价为已知常量。

(6)企业现金充足，不会因现金短缺而影响进货。

(7)所需存货市场供应充足，不会因买不到需要的存货而影响其生产。

(8)存货的数量或销售比较均衡。

只有在满足了所有的基本假设条件后，运用下述方法计算的最佳经济订货量才符合实际。

二、运用公式计算法

经济订货量的公式可以表示为：

$$Q^* = \sqrt{\frac{2KD}{K_C}}$$

Q^*——表示最佳经济订货量；

D——表示某种存货的年需求量；

K——表示平均每次进货费用或平均每次进货的变动成本；

K_C——表示单位存货的储存成本。

经济订货量的公式是存货控制中的一个很有用的工具，在采购原材料和其他材料时，说明应订货的数量。

三、运用列表测算法

根据各种不同进货量的进货成本和储存成本进行测算，比较分析，找出这两项成本相加之和为最低的经济进货量。

四、运用图解法

经济订货量可以用图解法求得：先计算出一系列不同批量的各有关成本，然后在坐标图上描出由各有关成本构成的订货成本线、维持(存储)成本线和总成本线，总成本线的最低点(或者是订货成本线和存储成本线的交接点)对应的批量，即经济订货量。如图 2－2 所示。

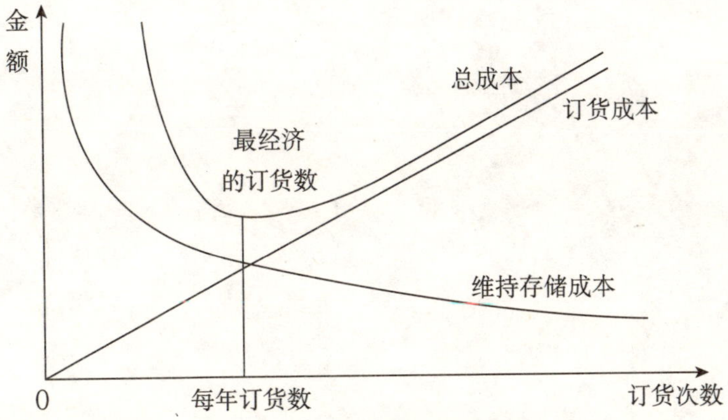

图 2－2　经济订货批量图示

生产环节的财务控制

生产环节是企业的一个非常重要的业务环节。企业用以销售的产品都来源于生产环节，也就是说，销售部门销售什么产品，这些产品能否销售出去并为企业获利，都取决于企业在生产环节中生产的产品的种类、质量和价格。

在这一章，你将会知道

◇ 建立生产环节内部控制制度。

◇ 如何确立生产流程。

◇ 如何建立生产环节财务控制流程。

◇ 如何测试生产环节内部控制制度。

◇ 如何利用分步法控制产品成本。

◇ 如何利用分批法控制产品成本。

建立生产环节内部控制制度

生产环节的内部控制制度离不开人、财、物三个方面制度的完善和发展，因此，我们在建立生产环节内部控制制度时可以从以上三个方面重点着手。

一、建立授权批准制度

授权批准制度要求组织内各级工作人员必须经过授权和批准才能对有关的经济业务进行处理，未经授权和批准的人员不得接触和处理这些业务。

二、形成成本定额制度

就生产环节来讲，制定成本定额制度尤为重要，因为销售价格不变，成本的节约就意味着盈利的增加，所以越来越多的企业开始关注制定成本定额。

提 示

生产环节内部控制制度的建立和完善是财务控制的重要环节。

成本定额制度，就是对一项特定的经济活动，制定一定的成本定额制度，并以此作为成本控制目标，开展成本控制。

三、建立财产安全制度

财产安全控制就生产环节而言是指材料物资采取永续盘存制和定期或不定期的实地盘点相结合的方法，保证材料物资处于账实一致的状态；对于盘盈和盘亏必须及时查明原因并进行正确处理；对财产物资进行科学编号和存放，便于清查、点数和保管等。

提 示

永续盘存制也称账面盘存制，就是通过设置存货明细账，对日常发生的存货增加或减少进行连续登记，并随时在账面上结算各项存货的结存数并定期与实际盘存数对比，确定存货盘盈、盘亏的一种制度。

盘盈、盘亏简单讲就是实物与账面的差异。盘点实物存数或价值大于账面存数或价值，就是盘盈；盘点实物存数或价值小于账面存数或价值就是盘亏。

四、完善人员素质控制制度

企业像个大家庭，如果每一个人都有很高的个人素质、职业素养，配之以适当的培训、考核制度，就可以很好地鼓舞和调动员工的工作积极性，企业就能更好地发展和壮大。因此，相应的人员素质控制制度是必不可少的。

五、形成不相容职务分离制度

对生产环节来讲，通常有以下不相容职务必须进行分离：授权批准产品生产计划的人员和具体执行计划的人员职务分离；仓库保管人员和具体进行财产物资清查人员的职务分离；仓库保管人员、成本会计记账人员、生产管理人员和产品检验人员的职务必须分离等。

如何确立生产流程

企业以盈利为其主要目的，控制和降低成本、提高产品质量是企业增加盈利的根本途径。从这个意义上说，生产环节至关重要，因此只有熟悉整个生产流程才能从每一个环节进行财务控制。

一、下达生产任务

根据市场需求，结合顾客订单、存货需求和销售预测下达生产任务。采购部门应配合做好生产所需材料的采购验收工作。

二、领用材料

根据下达的生产任务领用原材料进行生产。领用要经过批准，仓库根据已批准的生产通知单和经批准的领料单发出材料，领料单分一次领料单和限额领料单。

提 示

领而未用的材料月末应做退库处理，即填制红字领料单。

三、安排员工生产

生产任务要落实到每一个生产员工，并记录员工的考勤、生产数量，核定每件产品的定额工时，以备核算使用。

四、完工产品验收入库

产品在完工入库前要经过质检部严格检验，然后移交仓库保管人员保管。

五、仓库保管部门辅助生产工作

此部分主要内容包括：对库存的原材料、辅助材料、包装物、低值易耗品、在产品、产成品等进行验收、分类保管；负责原材料的领用，产成品的销售发出；记录存货的变动情况，及时将存货资料报送会计部门以便进行成本核算；通知材料采购部门对不足存货进行补给。

六、辅助车间的工作

机修车间定期对机器进行维修、保养和检修，遇有紧急机器故障，应设法及时排除；供电车间应保证生产所需动力的及时供给。

七、车间管理人员的工作

(1)监督车间员工的生产进度，及时处理生产过程中出现的各种突发事件，保证生产的按时、圆满完成。

(2)配合生产计划部门制定和下达下一期的生产任务。

(3)仓库保管人员就原材料的领用、在产品和产成品的验收入库等业务流程进行交接。

(4)记录直接材料、直接人工、各种间接费用的变动情况，并将会计部门所需各种记录及时报送。

一般的生产流程如上文所述，当然，我们要根据企业所处的行业和具体的情况，确定适合的生产流程。

如何建立生产环节财务控制流程

我们可以从以下几方面建立起生产环节财务控制流程。

一、建立会计凭证制度

(1)建立产品订单。产品订单是企业和客户签订的生产某种产品的合同协议，其内容包括产品类别、数量、价格、交货期限以及违约责任等。

(2)使用领料凭证。包括定额领料单、限额领料单、领料登记表、退料单、材料发出汇总表等。领料单是一次性的领料凭证，领料时，由领料车间或领料部门根据用料计划或费用计划填制。

(3)使用核算人工成本使用的凭证。包括工资卡、考勤记录和产量工时记录等。工资卡是反映单位员工职务变动、工资等级、工资标准与各种津贴变动等基本情况的一种卡片。考勤记录根据企业情况，按部门、车间、科室、班级设置，由考勤员逐日登记，月末进行汇总，经审核后作为计算工资的依据。产量工时记录是反映员工在出勤时间内完成产量和耗用工时的原始记录，是统计产量和工时及计算计件工资的原始依据。工资单是根据考勤记录、工时记录、产量记录、工资等级、工资标准等计算编制的，是工资结算和支付工资的原始凭证，是核算人工成本使用的重要凭证之一。

(4)建立成本归集凭证。为了核算每种产品的成本，应将该种产品生产过程中发生的直接材料、直接人工以及制造费用归集到一个账户中，并按照不同产品分别设置明细科目。

（5）建立成本分配凭证。为了核算产成品的成本，应将月末完工产品与在产品的成本进行分离，“在产品”账户设置就是为了解决这一问题。对于月末无在产品的，只要将该产品当月的“生产成本”账户的余额一次性转入相应“产成品”账户即可。

（6）使用存货盘点凭证。由于计量、计算不准，验收不严，或自然损耗、自然升溢，或丢失毁损，甚至出现贪污盗窃等原因，各项存货经常出现账实不符的情况，因而有必要定期和不定期进行存货的盘点，并充分利用好各种凭证。经常使用的凭证有：存货保管卡、存货盘点表、存货盘盈盘亏报告表、存货盘盈盘亏处理意见表。

二、建立生产账簿

（1）存货账簿。企业存货包括：原材料、辅助材料、包装物、低值易耗品、在产品、产成品等，各种存货又包括许多不同种类和规格，存货明细账的设置必须根据企业的情况分类设置和管理。

（2）应付工资账簿。登记包括工资总额内应付给员工的标准工资、奖金、津贴等，账户的借方登记实际发放的工资数，贷方登记企业应发放的工资数。

（3）制造费用账簿。制造费用明细账按各种费用分类设置明细账。

提 示

生产环节的财务控制流程必须与生产流程相吻合。制造费用账户借方反映费用的归集，贷方反映费用的分配，月末无余额。

（4）生产成本账簿。生产成本按不同产品设置明细账，借方反映该产品料工费的投入额，贷方反映月末完工产品的转出成本，余额反映月末未完工产品的成本。

(5)产成品账簿。产成品按不同产品设置明细账，借方反映完工产品的转入成本，贷方反映当月销售产品的成本，余额反映月末库存完工产品的成本。

三、核算生产环节成本

(1)核算直接材料。直接材料的核算包括数量核算和金额核算。对于数量核算一般采用永续盘存法和实地盘存法相结合进行，至于材料计价的核算则可以选择按实际成本计价或按计划成本计价。

提 示

永续盘存制是对于资产的增加和减少，根据各种有关凭证，在账簿中逐日逐笔进行，并随时结算出各种资产账面结存数额的一种方法。

实地盘存制是指期末通过实地盘点来确认库存存货数量，并据以计算期末存货成本，然后确定期末存货和当期销货成本的方法。

(2)核算直接人工。直接人工的核算包括计时工资、计件工资、其他工资、计提职工福利费用等核算内容。计时工资根据有关工资标准、考勤记录和有关制度计算而得；计件工资则按产量工时记录、计件单价计算产生；其他工资需要按照国家或企业的有关规定标准计算。

(3)核算制造费用。制造费用的归集核算应注意以下问题：费用的实际支付期与应归属期不一致的费用归集项目，应采用待摊或预提方式；有些费用的计算带有估价的性质，归集时应注意国家对使用年限、计提折旧的方法等方面的有关规定。

(4)核算生产成本。生产成本的核算包括：生产成本的归集以及成本在在产品和产成品之间的分配。

当然，要建立符合企业实际需求的财务控制流程，我们必须在实践中不断摸索，结合本企业的实际，不断完善、发展。

如何测试生产环节内部控制制度

在进行生产环节内部控制制度测试时，我们可以从直接材料成本测试、直接人工成本测试、制造费用测试和生产成本在当期完工产品与在产品之间分配的四项测试内容着手。

一、测试直接材料成本

1. 采用定额消耗的企业

可选择并获取某一成本报告期若干种具有代表性的产品成本计算，获取生产指令或产量统计记录及直接材料消耗定额，根据材料明细账或采购业务测试工作底稿中各直接材料的单位实际成本，计算直接材料的总消耗量和总成本，与该样本的成本计算单中的直接材料成本核对。

2. 采用非定额消耗的企业

通过材料费用分配汇总表、材料发出汇总表、材料明细账中各直接材料的单位成本，检查下列事项：

(1)成本计算单中直接材料成本与材料费用分配汇总表中各产品负担的直接材料费用是否相符，分配的标准是否合理。

(2)抽取材料发出汇总表或领料单中若干种直接材料的发出总量和各该种材料的实际单位成本的乘积与材料费用分配汇总表中各该种材料费用进行比较，并注意领料单的签发是否经过授权批准。

(3)材料发出汇总表是否经过适当的人员复核，材料单位成本计价方法是否适当，在当年度有何重大变更。

3. 采用标准成本法的企业

必须检查下列事项：根据生产量、直接材料单位标准用量及标准单价计算的标准成本与成本计算单中的直接材料成本核对是否相符；直接材料成本差异的计算与账务处理是否正确；并注意直接材料的标准成本在当年度内有何重大变更。

二、测试直接人工成本

1. 采用计时工资制的企业

（1）成本计算单中直接人工成本与人工费用分配汇总表中该样本的直接人工费用核对是否相符。

（2）样本的实际工时统计记录与人工费用分配汇总表中该样本的实际工时核对是否相符。

（3）抽取生产部门若干天的工时台账与实际工时统计记录核对是否相符。

（4）当没有实际工时统计记录时，则可根据职员分类表及职员工资手册中的工资率，计算复核人工费用分配汇总表中该样本的直接人工费用是否合理。

2. 采用计件工资制的企业

（1）根据样本的统计产量和单位工资标准计算的人工费用与成本计算单中直接人工成本核对是否相符。

（2）抽取若干工人的产量记录，检查是否被汇总计入产量统计报告。

3. 采用标准成本法的企业

（1）根据产量和单位标准工时计算的直接人工成本与计算单中直接人工成本核对是否相符。

（2）直接人工成本差异的计算结果与计算单中的直接人工成本核对是否相符。

（3）直接人工成本差异的计算与账务处理是否正确，并注意直接人工的标准成本在当年度内有何重大变更。

三、测试制造费用

获取制造费用分配汇总表、按项目分列的制造费用明细账与制造费用分配标准相关的统计报表及其相关原始记录，检查下列事项：

(1)制造费用分配汇总表中，样本分担的制造费用与成本计算单中的制造费用核对是否相符。

(2)制造费用分配汇总表中的合计数与样本所属成本报告期的制造费用明细账总计数核对是否相符。

(3)制造费用分配汇总表选择的分配标准与相关的统计报告或原始记录核对是否相符，并对费用分配标准的合理性做出评估。

(4)企业采用预计费用分配率分配制造费用，则应针对制造费用分配过多或过少的差额，检查其是否做了适当的账务处理；企业采用标准成本法，则应检查样本中标准制造费用的确定是否合理，计入成本计算单的数额是否正确，制造费用差异的计算与账务处理是否正确，并注意标准制造费用在当年度有何重大变更。

四、测试生产成本分配情况

检查成本计算单中的产品数量与生产统计报告或在产品盘存表中数量是否一致；检查产品的分配标准是否合理；计算复核样本的总成本和单位成本，最终对当期采用的成本会计制度做出评价。

当然，我们在测试生产环节的内部控制制度时，除了从上述四个方面进行之外，还要根据实际情况，选择合理的测试方法。

如何利用分步法控制产品成本

采用分步法控制各生产步骤的成本时，按其计算半成品成本方式和成本管理要求的不同，可以分为逐步结转分步法和平行结转分步法两种。

一、利用逐步结转分步法控制成本

(1)逐步结转分步法是以各生产步骤各月份生产的各种半成品和最后生产步骤完工的产成品作为成本计算对象，逐步归集生产费用，逐步计算半成品成本，逐步结转半成品成本，累计得到完工产品成本的一种方法。它广泛适用于大量大批多步骤连续复杂式生产的企业。

(2)逐步结转分步法的计算是以各种产品及其所经过的各生产步骤为成本计算对象。逐步结转分步法的特点是各生产步骤的半成品成本，都要随着半成品实物的转移，按顺序从上一步骤的成本计算单中，转入下一生产步骤的相同产品成本计算单中，以便逐步计算出各生产步骤的半成品成本和最后生产步骤的产成品成本。

提 示

逐步结转分步法适用于大量大批多步骤连续式的生产，如冶金、纺织、造纸等制造工业。

(3)采用逐步结转分步法时，月末为了正确计算各生产步骤的完工产品成本，应将成本计算单上登记的生产费用，选择合理方法，在完工产品和在产品之间进行分配。分配方法可根据实际需要，选择适合本企业生产特点的方法。

二、利用平行结转分步法控制成本

(1)平行结转分步法是指不计算各生产步骤所产生的半成品成本，也不计算各生产步骤所耗上一生产步骤的半成品成本，而只计算本步骤直接发生的费用及其应计入产成品的份额，月末将相同产品各生产步骤成本计算单中应计入产成品成本的份额平行结转和汇总，然后计算出完工产成品成本的一种方法。

提 示

平行结转分步法主要适用于大量大批分步骤装配式生产的机械制造工业。

(2)平行结转分步法的成本计算对象是各种产品及其所经过的各生产步骤的成本份额。各生产步骤费用的结转和最终产成品成本的计算，是采用平行结转和汇总应计入产成品成本份额的方式。它的成本结转特点是各生产步骤的半成品成本并不随着半成品实物的转移而结转。

提 示

平行结转分步法是以产品品种和各生产步骤某月份生产的半成品及最后生产步骤完工的产成品作为成本计算对象，分步骤归集生产费用，在计算半成品成本的基础上，计算完工产品成本的一种方法。

(3)在采用平行结转分步法时，每月月末，为了正确计算各步骤发生的生产费用应计入完工产成品成本的份额，必须将计入各步骤成本计算单上的生产费用，选择适当的方法，在完工产品和在产品之间进行分配。分配的费用只是各生产步骤实际发生的费用，不包括所耗用上一生产步骤半成品的成本。

采用平行结转分步法计算产品成本，是平行汇总和结转各生产步骤应计入产成品成本的份额。

如何利用分批法控制产品成本

分批法是以产品批别为成本计算对象，归集生产费用，计算产品成本的一种方法。分批法主要适用于单件小批的多步骤装配生产。

一、确定成本计算对象

采用分批法计算成本的企业或车间，应以各订单或各批产品作为成本计算对象。

如果在一张订单中规定了不止一种产品，为了考核分析各种产品成本计划的完成情况，应按照产品的品种划分批别组织生产，计算产品成本。如果在一张订单中只规定一种产品，而且这种产品数量较多，又不便于集中一次投产，或者应需要根据采购单位要求分批发货，可以分为数批组织生产，计算产品成本。如果在一张订单中只规定一件产品，而且这件产品是单位价值高、生产周期长的大型船舶，也可以按照产品的完整组成分批组织生产，计算产品成本。如果同一时期内几张不同订单中规定的产品品种相同，而且产品数量较少，为了产品生产的经济合理，也可以将相同产品合并为一批组织生产，计算产品成本。

二、选择成本分配方法

(1) 由于小批生产的批量较小，批内产品跨月陆续完工的情况不多，因此可以采用简单的分配方法，即按计划单位成本、定额单位成本或最近一期相同产品的实际单位成本计算完工产成品成本。

从产品成本计算单中转出产成品成本后的余额即为在产品成本。为了正确考核和分析该批产品成本计划的完成情况，在该批产品全部完工时，还应计算该批产品的实际总成本和单位成本，但对已经转账的产成品成本，不做账面调整。如果批内产品跨月陆续完工较多，月末批内完工产品的数量占全部批量的比重较大，为了提高成本计算的正确性，则应根据具体条件，采用适当的标准和方法，在本月完工产品和月末在产品之间进行生产费用的分配，以便计算完工产品成本和在产品成本。

提 示

在单件小批生产的企业中，产品的品种和每批产品的批量往往根据需要单位的订单确定，所以产品成本计算的分批法，也成为订单法。

(2)采用分批法计算产品成本时，各批产品发生的生产费用也是按月进行归集。归集的方法是能按订单或批次划分的直接费用，应在发生费用的原始凭证上说明订单编号或产品批次，进而据以直接记入各该产品生产成本明细账和成本计算单。对于不能按订单或批次划分的间接费用，则应在原始凭证上注明费用发生的地点，并按其费用发生的地点先在制造费用明细账中进行归集，然后再在各受益对象之间进行分配。

当然，我们在利用分批法控制产品成本时，要结合企业的实际情况，充分发挥分批法的作用。

销售环节的财务控制

营销业务是企业经营活动中非常重要的业务环节，是企业获利的前提和必要条件。销售收入及销售成本对企业的经营成果有直接影响，因此我们需要通过对销售过程的控制，保证真实、完整、全面地了解销售收入的形成过程，并可以保证企业资金的安全完整。

在这一章，你将会知道

◇ 如何建立销售业务内部控制。

◇ 如何开展销售确认和管理。

◇ 如何制定信用政策。

◇ 如何减少坏账发生。

◇ 如何制定一般的赊销政策和出口赊销管理。

◇ 如何制定专门针对高风险客户的赊销政策。

◇ 如何评估赊销风险。

如何建立销售业务内部控制

销售业务是实行内部控制、建立良好的财务控制应当着重注意的一个环节，销售业务是企业各项物资的“出口”，对这个“出口”是不能放松管理的。

一、了解良好的销售内控制度

良好的销售内部控制制度应该体现在以下几个方面：

(1)发货单和发票按顺序编号，如有缺号须经批准方可注销。

(2)销售合同和发货单，必须经过审核批准后方可注销。

(3)未经授权不得改变售价，要按规定价格销售。

(4)废残料的出售与一般销售同样处理。

(5)须经授权批准后才可办理退款手续。

(6)收款时必须对数量、单价、金额进行审核，有销售合同的必须与合同核对。

(7)开单、发货、收款必须分工负责。

二、加强现销管理

(1)销售货物时，由销售部门填制一式数联的“销货单”，注明购货单位、货物名称、规格、数量、单价、金额等，经负责人审核签章后，留一联作为存根，以进行业务核算，其余交客户作为办理货款结算和提货的凭证。

(2)客户持“销货单”交付货款。财会部门对“销货单”进行审核后，办理收取货款的手续，并加盖财务专用章和有关人员的签章，留一张以编制入账凭证，其余退给客户。

(3)客户持“销货单”中的提货联提货。仓库保管人员对“销货单”进行复核，确认已办妥交款手续后，予以发货，并将提货联留下以登记台账。

三、完善赊销制度

（1）建立订货单制度，强化销售合同的作用。凡属销售业务，最好采用订货方式，订单确定后再列入销售计划，作为发货的依据，防止无计划地发出货物。

（2）完善批准制度。赊销业务应该经过财务负责人批准，未经批准，销售部门无权指令仓库发货，以防止因不了解客户信用而造成的损失。

（3）登记销售明细账和应收账款明细账。在发出货物后，会计部门对销售部门开具的“销货单”以及相关的合同、订单等进行审核查对，正确无误后编制记账凭证，并及时登记销售和应收账款明细账。

销售是企业顺利运转的核心环节，我们应该注意加强对销售业务的管理，建立起完善的内部销售制度。

如何开展销售确认和管理

销售活动的管理有很多部分，我们需要对销售业务进行确认，同时需要对销售业务确认的环节进行管理。

一、销售业务确认

只有在了解销售确认的基础上，才能更好地设计销售环节的内部控制制度，实现对销售环节严密的控制和管理。销售业务确认主要有以下方面：

1. 接受订单

顾客提出订货的要求是整个销售环节的起点。企业可以通过销售人员或其他途径，如向现有的及潜在的顾客发送订货单等方式接受订货，取得顾客订货单。收到顾客的订单后，应由专人负责登记，并审核订单的内容，确定能够如期供货后，编制销货通知单，作为有关部门履行职责的依据。

2. 批准赊销

对于赊销业务，赊销批准是由信用管理部门根据赊销政策以及对每个顾客的已授权的信用额度来进行的。信用管理部门收到销货通知单后，应区分新老顾客进行信用调查。对老顾客只要还款记录良好，订货数量要求正常，在被授权的额度内，信用部门可以进行处理。而对新顾客，应进行信用调查，通过信用评审机构或金融机构获取有关的信用资料，从而决定能否采用赊销销售。

提 示

避免对信用不好的顾客盲目赊销，而使企业承受不必要的信用风险。

3. 发运商品

仓库在收到经过批准的销售单后发出商品，并编制发货凭证，一般为一式多联的出库单，作为商品出库的依据，用于仓库和财务部门的存货记录。

4. 开具发票

由销售部门或会计部门负责开具销售发票，核对无误后开具统一格式的销售发票，列明实际发货的数量、品种、规格、单价、金额，如为增值税发票，还应列明增值税额。销售发票需预先连续编号，由专人管理，尤其是增值税专用发票。

提 示

销售收入构成企业收入的主体，经营成果的大小更多体现在销售环节。

5. 记录业务

确认销售成立后，会计部门根据销售发票的记账联进行会计记账，区分赊销和现销，编制转账凭证或现金、银行存款收款凭证，据以登记销售账和应收款明细账或现金、银行存款日记账。

6. 办理现金、银行存款收入

对于赊销业务的货款收回要记录应收款的减少和现金、银行存款的增加。会计部门应定期编制和寄送应收款对账单，与顾客核对账面记录。

7. 办理销售退回与折让

顾客如果对商品不满意，销售企业一般同意退货，或给予顾客一定的销售折让；为了促销和尽快回收货款，也会给顾客一定的现金折扣。对于这类业务，需经授权的部门办理。

上述七个环节是销售业务确认的主要活动，我们只有在了解了各个环节的运行过程后，才能根据各环节的特点制定出有效的控制制度。

二、销售业务确认环节的管理

销售业务确认环节的控制包括从接受顾客订单开始到销售入账过程的控制，以建立销售环节的控制制度为基础，分析销售环节的业务控制和管理过程。销售业务确认环节为以后的销售管理打下一个基础，对销售业务确认环节的管理越细越好。

1. 明确管理目标

销售业务确认环节应实现的管理目标包括：

(1)保证产品安全。从货物的开票、交发、运输等各个环节都应确保准确安全，拒付货款退回货物应该全部回收入库。

(2)保证销售顺畅运行。销售控制应在各个环节流转合理，办理业务应该准确，购销合同条款应该得到双方有效履行。各部门间应能互相检查，及时发现错误。

(3)保证及时回收货款。计算货款应准确，结算货款应及时，清理欠款应有力度，以确保货款及时完整的回收，加速资金流转。

(4)保证信息可靠。产品销售业务活动应该真实记录，计算销售收入、结转销售成本应该准确，并保持各有关账户间记录的完整。

2. 采取管理措施

开展资信调查。赊销之前，首先应进行信用调查，可以通过资信调查机构或利用企业与客户交往的历史资料，调查了解客户信用状况，作为销售业务的参考资料；或者要求客户出具信用证明或经济担保。

提 示

经营活动现金流净额为负表明企业收回款项的能力落后或者企业大量购货，要引起相应的注意。

(1)控制签约。销售人员根据授权签订购销合同。合同应送请有关主管审批，经办人员和审批人员签字盖章，以明确责任。合同副本应送交财务和仓储部门，据以办理结算和发货。

(2)审签开票。根据合同开具销售发票，一式五联，连续编号；财会部门审查核对销售发票和购销合同，各方签字盖章。根据发票办理有关手续。

(3)核准发货。仓库保管员按照发票点发产品，在销售发票上加盖“发货”戳记并签字盖章。

(4)出门验证。门卫核查货物和票证，登记门卫记录簿，以防止错装和夹带私货等问题，保证产品安全完整。

(5)结算货款。出纳核实销售发票报销联、运费单据及合同副本，填制结算凭证，经主管人员审核后及时办理结算手续；根据结算凭证回单联，登记应收账款。

(6)记账。销售部门、仓储部门及时登记销售、保管实物账；财务部门及时登记发出商品登记簿、产成品等明细账。

(7)核对。对销售明细账和总账进行核对；核对财务账和销售、仓储部门实物账；误差报经审批后予以处理。

如何制定信用政策

应收账款赊销的效果好坏，依赖于企业的信用政策。信用政策包括：信用条件、信用标准和收账政策。信用期间和现金折扣是信用条件两个重要方面，因此我们要从以下四个方面制定信用政策。

一、选择信用期间

(1)信用期间是企业允许顾客从购货到付款之间的时间，或者说是企业给予顾客的付款期间。信用期过短，不足以吸引顾客，在竞争中会使销售额下降；信用期间过长，对销售额增加固然有利，但只顾及销售增长而盲目放宽信用期间，所得的收益有时会被增长的成本费用抵销，甚至造成利润减少。因此，我们必须慎重研究，确定出恰当的信用期间。

(2)信用期间的制定，主要是分析改变现行信用期间对收入和成本的影响。延长信用期间，会使销售额增加，产生有利影响；但是，同时会导致机会成本、收账费用和坏账损失增加，会产生不利影响。企业是否给客户延长信用期限，应视延长信用期限增加的边际收入是否大于增加的边际成本而定。

二、现金折扣政策

向顾客提供现金折扣主要目的在于吸引顾客为享受优惠而提前付款，缩短企业的平均收款期。现金折扣也能招揽一些视折扣为减价出售的顾客前来购货，借此扩大销售量。

采用什么程度的现金折扣，要与信用期间结合起来考虑。不论是信用期间还是现金折扣，都可能给企业带来收益，但也会增加成本。现金折扣使企业增加的成本，指的是价格折扣损失。当我们给予顾客某种现金折扣时，应当考虑折扣所能带来的收益与成本孰高孰低，权衡利弊，抉择决断。

三、确定信用标准

（1）信用标准。

信用标准是指顾客获得企业的交易信用所应具备的条件。如果顾客达不到信用标准，便不能享受企业的信用或只能享受较低的信用优惠。

（2）信用标准指标。

① 品质。品质指顾客的信誉，即履行偿债义务的可能性。必须设法了解顾客过去的付款记录，看其是否能按期如数付款，及与其他供货企业的关系是否良好。这一点是评价顾客信用的首要因素。

② 偿付能力。取决于顾客流动资产的数量和质量以及与流动负债的比例。顾客的流动资产越多，其转换为现金支付款项的能力越强。同时，还应注意顾客流动资产的质量。

③ 资本。资本指顾客的财务实力和财务状况，表明顾客可能偿还债务的背景。

④ 抵押。抵押对于不知底细或信用状况有争议的顾客尤为重要。一旦收不到这些顾客的款项，便以抵押品抵补。

⑤ 条件。比如，万一出现经济不景气，会对顾客的付款产生什么影响，顾客会如何做，等等，这都需要了解顾客在过去困难时期的付款历史。

四、制定收账政策

企业对不同过期账款的收款方式，包括准备为此付出的代价，就是它的收账政策。比如，对过期较短的顾客，不予过多地打扰，以免将来失去这一客户；对过期稍长的顾客，可措辞委婉地写信催款；对过期较长的顾客，频繁地写信催款并电话催询；对过期很长的顾客，在催款时措辞严厉，必要时提请有关部门仲裁或提请诉讼，等等。

催收账款要发生费用，某些催款方式的费用还会很高(如诉讼费)。一般说来，收款的花费越大，收账措施越有力，可收回的账款就越多，坏账损失就越少。因此制定收账政策，要在收账费用和所减少的坏账损失之间作出权衡。制定有效、得当的收账政策很大程度上靠有关人员的经验；从财务管理的角度讲，也有一些量化的方法可予参照，根据应收账款总成本最小化的道理，可以通过各收账方案成本的大小进行比较来加以选择。

提 示

现金折扣的表示常采用如5/10、3/20、n/30这样一些符号形式。这三种符号的含义为：5/10表示10天内付款，可享受5%的价格优惠，即只需支付原价的95%，如原价为10 000元，只支付9 500元；3/20表示20天内付款，可享受3%的价格优惠，即只需支付原价的97%，若原价为10 000元，只支付9 700元；n/30表示付款的最后期限为30天，此时付款无优惠。

如何减少坏账发生

在实际操作中，企业持有合理规模的应收账款是应该的，既可以实现较高的销售收入，又不至于产生太高的持有成本。但与此同时，我们必须采取相应的措施减少坏账的发生。

提 示

据统计，我国企业间相互拖欠贷款的事件逐年攀升，居高不下，目前拖欠的贷款额已超过 1.6 万亿元，企业坏账率达 5%，是发达国家0.25% ~0.5% 的 10 倍到 20 倍。

一、制定信用政策

实行合理的信用政策是企业有效控制应收账款的前提，在不同情况下，我们可以根据信用政策的变化来改变或调节应收账款的规模大小。企业信用政策的制定在前面已有论述，这里不再重复。

二、掌握信用资料

信用资料的来源主要有以下三种渠道：

(1)财务报告。企业可以对预期的顾客索取近期的资产负债表或损益表等财务报告。这些资料是进行分析评估的最重要依据，并可据此对客户的流动性、偿债能力以及经营业绩等进行分析和判断。

(2)银行证明。由客户的开户银行出具一些有关该企业信用状况的证明材料，通过这些材料可以了解客户的存款余额、借款情况和结算情况等。

(3)企业间证明。顾客对外会同时拥有许多供货单位，企业可以通过与客户的其他各供货单位交换信用资料来了解情况。

三、制定信用等级

在对顾客资信程度进行评价的基础上，通过制定标准，确认顾客的信用等级。可以用一组有代表性、能够说明企业付款能力和财务状况的比率作为信用风险指标，根据数年内最坏年度的情况，分别得出信用好及信用坏两类客户的信用等级平均值，以作为比较的标准。然后再利用顾客公布的财务报告数据，测算其拒付风险系数。根据顾客拒付风险系数并结合企业自身承受风险的能力以及市场竞争的需要，来划分顾客的信用等级。

四、跟踪应收账款

(1)对于已经形成的应收账款，绝不能采取听之任之的态度，而应采取积极措施，对应收账款进行跟踪，加强管理。

(2)从应收账款产生之日起，就对应收账款的收回时间加以分类统计，以便于掌握顾客的支付情况。

(3)依据“应收账款账龄分析表”，对于即将到期的应收账款，安排销售人员或收账部门设法催收，直到顾客按期付款为止。对于逾期还没有收回的应收账款，财务与销售等有关部门应积极配合，制定催收措施并积极推行，直到账款全部收回。

提 示

确定坏账损失发生的标准：债务人破产或死亡，以其破产财产或遗产清偿后，仍不能收回的应收款项；债务逾期仍未履行偿债义务，且有明显特征表明无法收回。应收账款只要符合上述条件之一，均要作为坏账损失处理。

(4)经常关注应收账款的发生与收回情况，对于拖欠超过一定时间（比如6个月以上）的，要责成财务部门或收账部门逐项写出报告，将账款超期拖欠的原因，采取了何种催收措施以及催收责任是谁等情况一一说明。要落实责任人及具体催收措施，尽快收回欠款。

五、建立坏账准备

应收账款的坏账损失无法完全避免，要遵循谨慎性原则，对坏账损失的可能性预先进行估计，建立坏账准备金制度。

随着竞争的加剧和市场的饱和，应收账款的发生是必然的，如何在减少坏账损失的基础上，采取合乎规模的赊销政策是我们必须要了解的。

如何制定一般的赊销政策和出口赊销管理

制定一个合理的赊销政策既有利于扩展销售市场，又有利于确保销售货款的及时收回，因此我们必须加强对赊销的控制。

一、制定一般的赊销政策

1. 制定赊销政策应明确的内容

制定赊销政策应明确的内容包括：提供赊销的范围；应收货款的意向水平；市场势力；竞争对手的活动；业务状况和前景；客户的构成、质量和可能的购买量；赊销目标；销售和信贷之间的配合；退货、争议等的客户服务；货款拖欠和坏账损失与净利润率；赊销措施由基层掌握还是由高层控制；赊销责任。

2. 制定书面赊销政策

(1)制定书面赊销政策的意义。

制定书面赊销政策至少有以下好处：使公司的管理层认识到赊销管理在公司业务中的重要性；使与客户接触的员工清楚了解公司的赊销原则；指导从事融资业务员工的日常工作；减少非授权人员的特殊赊销处理；简化工作；以此展示对客户的工作态度。

(2)制定书面赊销政策的步骤。

① 拟定赊销政策草案。

② 提交公司决策层表决通过。

③ 收集一线销售人员的建议和意见，修改赊销政策。

④ 每一次修改都形成书面形式。

3. 明确赊销政策内容

赊销政策的内容包括：公司的业务与目标；客户类型和所在行

业；销售条件，即销售的任选条件和赊销管理；付款期，即现金折扣；特殊安排，延期和分期付款等；收取利息费；货物预定；坏账水平；应收货款销售天数目标；客户审查制度；货款回收方法及时间表；对政策落实负有责任的员工；在支持公司实现赊销目标上其他各部门的责任，等等。

赊销政策不仅涉及到销售、财务等各部门的有关业务和活动，还涉及到其他与资金、信贷有关的活动。因此，我们在进行赊销政策制定时必须通盘考虑。

二、出口赊销管理

国际销售业务除了承受一般销售业务的风险之外，还承受着一些政治上、经济上和其他不可预测的风险。因此，我们必须加强出口赊销管理。

1. 出口赊销应注意的要点

(1)充分考虑国际因素。出口不同于国内销售，有很多额外的风险和成本。全球各个国家的市场有着不同的银行体系、货币、账务管理制度、付款期以及基于不同文化的赊销政策，在出口赊销管理中必须认真考虑这些差别。

(2)加强相关部门合作。一种常见的情况是，出口销售人员做国外销售，对所在国的账务制度知之甚少，信贷人员也无力回收货款。其结果很可能是既打乱了客户的正常经营，又搞乱了自己的账务管理，最终货款拖延，造成利润损失。

提 示

出口需要一种“团队方法”，并且需要来自销售和信贷部门的比较得力的人的积极组织。

2. 分析利润敏感性

出口赊销要求把标准的赊销管理方法与国际化经营的方法以及

国家之间的差别结合起来通盘考虑。在与外国客户谈判付款期以及评估风险时，需要做利润敏感性分析。

所谓利润敏感性，就是相关因素每变化一个单位所引起的销售利润的变化程度。利润敏感性分析就是分析相关因素变动对销售利润的影响，按一定的标准(如销售地区、行业等)对销售利润进行分析，在此基础上，采取相应的控制和改善措施。

进行利润敏感性分析有如下意义：控制销售风险；降低销售费用；提高销售边际利润率。

3. 加强出口赊销管理

(1)加强各相关部门的沟通合作，根据市场风险、客户状况以及赊销的最终成本，对新的和已有的客户规定合理的付款期。

(2)维护并及时更新包括目前有业务往来的客户情况档案；维护并及时更新所有目前已进入和将进入市场的公司信息档案。

(3)根据客户的付款期限和销售额情况制定赊销限额。赊销限额至少每年修订一次。检查订货和发货，对照赊销限额，一旦超过限额，及时采取措施。

(4)监控各个客户的付款表现，需要收款时，及时与客户联系。

(5)安排外币资金的转账，保证现金流入尽快实现。

(6)熟悉各种赊销保险险种和方法。

(7)了解各种出口融资知识，并能给销售部门提供指导，必要时也可参与谈判。了解有关外汇知识，并能给销售部门提供币种选择建议，尽量减少汇率波动造成的损失。保持与海外代理的接触，及时取得赊销状况和在外货款信息。

(8)定期检查坏账和争议账转入准备金账户的情况。

(9)保证有关员工接受良好的关于出口信用管理的培训。

出口赊销一定要储备与之相关的专业人才，要慎之又慎才能降低不必要的风险。

如何制定专门针对高风险客户的赊销政策

风险和收益往往是成正比例关系的，企业承受的风险愈大，则可能获取的收益也越大。因此，我们想要在赊销活动中获取较大的收益，就必须制定专门针对高风险客户的赊销政策。

一、采取风险控制措施

（1）保证在高风险行业的经营会有额外的利润，以补偿更多的坏账损失和因更严格的赊销管理而增加的成本。

（2）调动足够的资源更好地监管高风险账户。

（3）由于盈利与坏账损失的对比情况经常变化，所以要有定期的报告。

（4）时常检查已有的战略和有关标准，必要时做出修订。

当风险客户逾期不付货款时，要及时切断供货，而且要加紧催收货款。

二、确定风险承受度

确定合理的风险承受度应该明确下面的内容：

（1）确定高风险客户在总应收货款中所占的百分比。

（2）查询一下最近一段时期的总应收货款。

（3）把上述百分比换算成高风险客户总应收货款的最大值。

提 示

风险与收益往往成正相关变化。

三、特殊情况的风险控制

如果希望增加新客户，那么对其中高风险客户必须做到：最大的赊销限额不超过总的高风险限额的一定比例，以保证风险在新老客户之间有一个合理的分布。如果希望增加对原有的高风险客户的销售，则必须以较高的价格保证对风险客户的销售会产生更高的利润率；如果有额外的风险，则增加坏账准备金——收到付款后再冲减准备金。

对高风险客户进行赊销一定要考虑企业的风险承受力，切忌为了追求超额利润而盲目销售，导致滑向财务危机的边缘。

如何评估赊销风险

要准确掌握企业因赊销商品而承担的风险，就必须定期或不定期地对赊销风险进行有目的、有组织的赊销风险评估。对此，我们应该高度重视。

一、明确评估职责

（1）在企业中，称职的信用组织都应具备三种基本职能：在严格控制之下的赊销风险评估，完备的销售分类账和现金回收。这三种职能是有机地联系在一起的。如果把这种职能分开就会产生很多失误与费用，例如，因长期拖欠货款而被提起诉讼的客户订货可能又被接受；现金过账可能被拖延了两星期等。

（2）我们应该进行公司的赊销政策评估，并带着利润的眼光去解决客户的问题。风险控制并不是意味着根据公司的赊销政策，对不符合要求的风险订货简单地拒绝，而是意味着寻求能够接受订货的途径，也就是说，可能包含着一个建设性的态度再加上一个有效的高明的处理方法，从而可以与客户达成一致，比如说，部分供货，分期付款或特殊赊销期等。

二、确定评估流程

赊销风险评估涉及到公司内多个部门，因此，有必要精心设计相关文件和工作流程。

（1）制作赊销申请表：我们所要做的就像银行在批准贷款之前所要做的一样，要发现客户存在的问题。

（2）审核信用度：按客户的大小，详尽或简单地审核客户的信用度。

(3)界定赊销额度：在这里的任务是赊销额定量化，并将编码排印到所有相关文件中。

(4)赊销期：是常规的，还是特殊的，要视客户的具体情况而定。

(5)分配账号：这是提供赊销关键的一步，在这项工作完成前不能提供任何货物。

在销售分类账中留出一个专用的可用三个月的部分，每个月与客户做一次常规之外的联络，以避免客户形成不良的付款习惯。

提 示

评估赊销风险是企业进行赊销业务的保障，我们在实践中要不断地完善，并亲自过问赊销风险评估工作的开展。

小案例

A公司是某地级市的行业第一名，公司制定的战略目标是三年内成为国内行业第一。为了快速扩张市场，A公司决定对渠道商免费铺货，按季度结账。这种方式很快吸引很多合作伙伴，销售网络迅速在全国建立起来了，业绩增长大大超过了预期。年终结算，净利润率达到15%，但公司账上没有现金，为什么呢？因为业务人员为了完成销量任务，不断催促代理商进货，哪怕是压货。因为不需付现金，代理商大量进货，半数积压在仓库。

公司想到了改革，但又担心本小利薄的下游经销商出现松动，引发整条渠道链动荡，这个问题一拖就是两年。至此，A公司的应收账款达几亿元，死账呆账率非常高，终端价格几乎失控，串货现象严重，客户投诉不断。

第五章

筹资环节的财务控制

筹资是企业重要的财务行为。企业在成长的过程中需要不断通过筹资扩大生产规模，增强产品的市场占有率，扩大企业的市场影响力。但是，筹资也是“技术活”，有的企业能够及时得到资金，企业因此日益发展壮大；而有的企业因为盲目筹资，致使所筹资金没有发挥其应有的作用，没有解决企业的资金需求，使经营陷入困境。

在这一章，你将会知道

◇ 如何制定营运资金政策。

◇ 如何利用股票、债券、长期借款、融资租赁进行筹资。

◇ 如何筹集短期资金。

◇ 如何控制筹资成本。

◇ 怎样优化资本结构。

如何制定营运资金政策

营运资金政策包括营运资金持有政策和营运资金筹集政策，我们要制定有效的营运资金政策可从以下两个方面着手。

一、确定营运资金持有量

营运资金持有量的高低，影响着企业的收益和随之的风险。较高的营运资金持有量，意味着在流动负债一定的情况下，流动资产额较高，这会使企业有较大把握按时支付到期债务，及时供应生产用材料和准时向客户提供产品，从而保证经营活动平稳地进行，风险性较小。

提 示

由于流动资产的收益性一般低于固定资产，所以较高的总资产拥有量和较高的流动资产比重会降低企业的收益性。

较低的营运资金持有量带来的后果正好相反。此时，因为较低的总资产拥有量和较低的流动资产比重，会使企业的收益率较高；但较少的现金、有价证券量和较低的存货保险储备量却会降低偿债能力和采购的支付能力，造成信用损失、材料供应中断和生产阻塞，还将由于不能准时向购买方供货而失去客户。这些都会加大企业的风险。

我们确定营运资金持有量，就是在收益和风险之间进行权衡，因此，必须慎之又慎，充分考虑企业的风险承受能力，确定合理的营运资金持有量。

二、分析营运资金的需求量

营运资金是流动资产减去流动负债后的差额。

(1)分析流动资产。

① 按照周转时间的长短对企业的资金进行分类。周转时间在一年以下的为流动资产，包括货币资金、短期投资、应收账款、应收票据、存货等；周转时间在一年以上的为长期资产，包括长期投资、固定资产、无形资产等。

② 对于流动资产，按照用途再做区分，可以分为临时性流动资产和永久性流动资产。临时性流动资产指那些受季节性、周期性影响的流动资产，如季节性存货、经营旺季的应收账款；永久性流动资产则指那些即使企业处于经营低谷也仍然需要保留的、用于满足企业长期稳定需要的流动资产。

(2)分析流动负债。

① 企业的负债按照债务时间的长短，以一年为界限，分为短期负债和长期负债。短期负债包括短期借款、应付账款、应付票据等；短期负债的特点主要是成本低、风险大。长期负债包括长期借款、长期债券等。

② 流动负债分为临时性负债和自发性负债。临时性负债指为了满足临时性流动资金需要所发生的负债，如食品制造企业为赶制季节性食品，大量购入某种原料而发生的借款等。自发性负债指直接产生于企业持续经营中的负债，如商业信用筹资和日常运营中产生的应付工资、应付利息等。

三、选择筹资政策

营运资金筹集政策，一般可以区分为三种，即配合型筹资政策、激进型筹资政策和稳健型筹资政策。我们应该在这三种筹资政策中选择恰当的筹资政策。

1. 配合型筹资政策

配合型筹资政策的特点是对于临时性流动资产，运用临时性负债筹集资金满足其资金需要；对于永久性资产，运用长期负债、自发性负债和权益资本筹集资金满足其资金需要。

配合型筹资政策要求企业临时负债筹资计划严密，实现现金流动与预期安排相一致。在季节性低谷时，企业除了自发性负债外没有其他流动负债；只有在临时性流动资产的需求高峰期，才举借各种临时性债务。

配合型筹资政策的基本思想是将资产与负债的期间相配合，以降低企业不能偿还到期债务的风险和尽可能降低债务的资本成本。但是，事实上由于资产使用寿命的不确定性，往往达不到资产与负债的完全配合。因此，我们应该充分考虑这种不确定性的影响。

2. 激进型筹资政策

激进型筹资政策的特点是临时性负债不但融通临时性流动资产的资金需要，还解决部分永久性资产的资金需要。

激进型筹资政策下，临时性负债在企业全部资金来源中所占比重大于配合型筹资政策所占比重。由于临时性负债的资本成本一般低于长期负债和权益资本的资本成本，而激进型筹资政策下临时性负债所占比重较大，所以企业的资本成本较低。但是另一方面，为了满足永久性资产的长期资金需要，企业必然要在临时性负债到期后重新举债或申请债务展期，这样便会更为经常地举债和还债，从而加大筹资困难和风险；还可能面临由于短期负债利率的变动而增加企业资本成本的风险。所以，我们在运用激进型筹资政策时要充分考虑到它是一种收益性和风险性均较高的营运资金筹资政策。

3. 稳健型筹资政策

稳健型筹资政策的特点是临时性负债只融通部分临时性流动资产的资金需要，另一部分临时性流动资产和永久性资产，则由长期负债、自发性负债和权益资本作为资金来源。

与配合型筹资政策相比，稳健型筹资政策下临时性负债占企业全部资金来源的比例较小。由于临时性负债所占比重较小，所以企业无法偿还到期债务的风险较低，同时蒙受短期利率变动损失的风险也较低。另一方面，企业会因长期负债资本成本高于临时性负债的资本成本，以及经营淡季时仍需负担长期负债利息，从而降低企业的收益。因此，稳健型筹资政策是一种风险性和收益性均较低的营运资金筹集政策。

一般地说，如果我们能够驾驭资金的使用，采用收益和风险配合得较为适中的配合型筹资政策是最有利的。

如何利用股票、债券、长期借款、融资租赁筹资

股票是股份有限公司签发的证明股东按其所持股份享有权利和承担义务的书面凭证。随着股份制经济的不断发展，股票将成为我们筹集资金的主要方式之一。

一、利用股票筹资

1. 了解股票发行条件

我国《证券法》规定：发行股票的企业要求生产经营符合国家产业政策，发起人近3年内无重大违法行为；在募集方式下，发起人认购的股份不少于公司发行股份总数的35%。有关股票的规定如下。

(1)每股金额相等。同次发行的股票，每股的发行条件和价格应当相同。

(2)股票发行价格可以按票面金额，也可以超过票面金额，但不得低于票面金额。

(3)股票应当载明公司名称、公司登记日期、股票种类、票面金额及代表的股份数、股票编号等主要事项。

(4)向发起人、国家授权投资的机构、法人发行的股票，应当为记名股票；对社会公众发行的股票，可以为记名股票，也可以为无记名股票。

(5)公司发行记名股票的，应当配置股东名册，记载股东的姓名或者名称、住所、各股东所持股份、各股东所持股票编号、各股东取得其股份的日期；发行无记名股票的，公司应当记载其股票数量、编号及发行日期。

(6)公司增发新股，必须具备下列条件：前一次发行的股份已募足，并间隔1年以上；公司在最近3年内连续盈利，并可向股东支付股利；公司在3年内财务会计文件无虚假记载；公司预期利润率可达同期银行存款利率。

(7)公司发行新股，应由股东大会做出有关下列事项的决议：新股种类及数额；新股发行价格；新股发行的起止日期；向原有股东发行新股的种类及数额。

2. 熟悉股票发行程序

(1)设立发行程序。

① 提出发行股票申请。

② 公告招股说明书，制作认股书，签订承销协议和代收股款协议。

③ 招认股份，缴纳股款。

④ 办理设立登记，交割股票。

⑤ 改选董事、监事。

(2)增资发行程序。

① 股东大会做出发行新股的决议。

② 由董事会向国务院授权的部门或省级人民政府申请并经批准。

③ 公告新股招股说明书和财务会计报表及附属明细表，与证券经营机构签订承销合同，定向募集时向新股认购人发出认购公告或通知。

④ 招认股份，缴纳股款。

⑤ 改组董事会、监事会，办理变更登记并向社会公告。

3. 选择股票发行方式

股票发行方式，指的是公司通过何种途径发行股票。

(1)公开间接发行：指通过中介机构，公开向社会公众发行股票。我国股份有限公司采用募集设立方式向社会公开发行新股时，须由证券经营机构承销的做法，就属于股票的公开间接发行。这种发行方式的发行范围广、发行对象多，易于足额募集资本；股票的变现性强，流通性好；股票的公开发行还有助于提高发行公司的知名度和扩大其影响力。但这种发行方式也有不足，主要是手续繁杂，发行成本高。

(2)不公开直接发行：指不公开对外发行股票，只向少数特定的对象直接发行，因而不需经中介机构承销。我国股份有限公司采用发起设立方式和以不向社会公开募集的方式发行新股的做法，即属于股票的不公开直接发行。这种发行方式弹性较大，发行成本低；但发行范围小，股票变现性差。

提 示

股票具有如下特征：

股票是一种有价证券；股票是一种要式证券；股票是一种无偿还期限的有价证券；股票是一种高风险金融工具。

4. 确定股票发行价格

股票的发行价格是股票发行时所使用的价格。股票发行价格通常由发行公司根据股票面额、股市行情和其他有关因素决定。以募集设立方式设立公司的首次发行的股票价格，由发起人决定；公司增资发行新股的股票价格，由股东大会做出决议。

股票的发行价格可以和股票的面额一致，但多数情况下不一致。股票的发行价格一般有以下三种：等价，时价和中间价。在选择进行股票筹资的时候，一定要注意股票的发行价格。

二、利用债券筹资

债券是经济主体为筹集资金而发行的，用以记载和反映债权债务关系的有价证券。由企业发行的债券称为企业债券或公司债券。债券筹资是企业负债筹资的重要方式，我们必须用好债券筹资方式，加强筹资管理与控制。

1. 了解债券发行条件

《公司法》规定，有资格发行公司债券的公司，必须具备很多条件，没有达到相应条件的企业是没有资格发行债券的。

提示

规定凡有下列情形之一的，不得再次发行公司债券：前一次发行的公司债券尚未募足的；对已发行的公司债券或者其债务有违约或延迟支付本息的事实，且仍处于持续状态的。

2. 掌握债券发行程序

发行债券要经过一定的程序，并办理相关手续。

(1)决定发行债券。《公司法》规定，可以发行公司债券的主体有三类：股份有限公司、国有独资公司和两个以上国有企业或两个以上国有投资主体设立的有限责任公司。三类公司做出发行债券决议的机构不一样：股份有限公司和两个以上国有企业或两个以上国有投资主体设立的有限责任公司发行公司债券，由董事会制定方案，股东大会做出决议；国有独资公司发行公司债券，由国家授权投资的机构做出决定。

(2)申请与批准。凡欲发行债券的公司，先要向国务院证券管理部门提出申请并提交公司登记证明、公司章程、公司债券募集办法、资产评估报告和验资报告等文件。国务院证券管理部门根据有关规定，对公司的申请予以核准。

(3)制定募集办法并予以公告。发行公司债券的申请被批准后，应由发行公司制定公司债券募集办法。公司制定好募集办法后，应按当时、当地通常合理的方法向社会公告。

(4)募集借款。公司发出公司债券募集公告后，开始在公告所定的期限内募集借款。

3. 确定债券发行价格

债券的发行价格是债券发行时使用的价格，也即投资者购买债券时所支付的价格。公司债券的发行价格通常有三种：平价、溢价和折价。

债券发行价格的形成受诸多因素的影响，其中主要是票面利率与市场利率的一致程度。债券的票面金额、票面利率在债券发行前即已参照市场利率和发行公司的具体情况确定下来，并载明于债券之上。但在发行债券时已确定的票面利率不一定与当时的市场利率一致。为了协调债券购销双方在债券利息上的利益，就要调整发行价格。即：当票面利率高于市场利率时，以溢价发行债券；当票面利率低于市场利率时，以折价发行债券；当票面利率与市场利率一致时，则以平价发行债券。

企业在发行债券筹资过程中，除了要了解发行债券的条件和掌握债券发行程序外，还要确定合理的债券发行价格，因为债券发行价格是债券发行成功与否的关键因素。

三、利用长期借款筹资

股票和债券的发行都受到一定条件的限制，相对而言，长期借款的条件不是那么严格。我们要充分利用长期借款筹资方式，筹集到企业经营所需的资金。

1. 熟悉长期借款取得条件

企业申请贷款一般应具备的条件是：

(1)独立核算、自负盈亏、有法人资格。

(2)经营方向和业务范围符合国家产业政策，借款用途属于银行贷款办法规定的范围。

(3)借款企业具有一定的物资和财产保证，担保单位具有相应的经济实力。

(4)具有偿还贷款的能力。

(5)财务管理和经济核算制度健全，资金使用效益及企业经济效益良好。

(6)在银行设有账户，可办理结算。

2. 了解长期借款筹资特点

与其他长期负债筹资相比，长期借款筹资的特点如下。

(1)筹资速度快。长期借款的手续比发行债券简单得多，得到借款所花费的时间较短。

(2)借款弹性较大。借款时企业与银行直接交涉，有关条件可谈判确定；用款期间发生变动，也可与银行再协商。而债券筹资所面对的是社会广大投资者，协商改善筹资条件的可能性很小。

(3)借款成本较低。长期借款利率一般低于债券利率，且由于借款属于直接筹资，筹资费用也较少。

(4)长期借款的限制性条款比较多，制约了企业的生产经营和借款的作用。

3. 明确长期借款筹资成本

长期借款的利息率通常高于短期借款。但信誉好或抵押品流动性强的借款企业，仍然可以争取到较低的长期借款利率。长期借款利率有固定利率和浮动利率两种。浮动利率通常有最高、最低限，并在借款合同中标明。对于借款企业来讲，若预测市场利率将上升，应与银行签订固定利率合同；反之，则应签订浮动利率合同。

长期借款是指企业向银行或其他非银行金融机构借入的使用期超过一年的借款，主要用于购建固定资产和满足长期流动资金占用的需要。

除了利息之外，银行还会向借款企业收取其他费用，如实行周转信贷协定所收取的承诺费、要求借款企业在本银行中保持补偿余额所形成的间接费用。这些费用会加大长期借款的成本。

4. 掌握长期借款偿还方式

长期借款的偿还方式不一，包括：定期支付利息、到期一次性偿还本金的方式；如同短期借款那样的定期等额偿还方式；平时逐期偿还小额本金和利息、期末偿还余下的大额部分的方式。第一种偿还方式会加大企业借款到期时的还款压力，而定期等额偿还又会提高企业使用贷款的实际利率。

提 示

我国金融部门对企业发放贷款的原则是：按计划发放、择优扶植、有物资保证、按期归还。

长期借款的种类很多，主要有：

按照用途，分为固定资产投资借款、更新改造借款、科技开发和新产品试制借款等。

按照提供贷款的机构，分为政策性银行贷款、商业银行贷款等。

按照有无担保，分为信用贷款和抵押贷款。信用贷款指不需企业提供抵押品，仅凭其信用或担保人信誉而发放的贷款。抵押贷款指要求企业以抵押品作为担保的贷款。

四、利用融资租赁筹资

租赁活动在国际上是一项相当活跃的经济行为，是企业筹集资金的一种有效方式。随着我国经济国际化步伐的加快，租赁也必将成为我国企业融资的主要方式。

1. 融资租赁

(1)融资租赁是由租赁公司按照承租企业的要求融资购买设备，并在契约或合同规定的较长期限内提供给承租企业使用的信用性业务。融资租赁的形式是融物，实质是融资。融物与融资相结合，通过融物达到融资目的。

(2)融资租赁有以下几个特点。

由承租人向租赁公司提出正式申请，由租赁公司融资购进租赁物租给承租人使用；租赁期限较长，大多为租赁物耐用年限的50%以上；租赁合同一旦签字生效，在规定的租期内非经双方同意，任何一方不得中途解约；承租人负责设备的维修保养、保险，不得自行拆卸改装；租赁期满，按事先约定的办法处置租赁物，可以退还，可以续租，也可以由承租人留购。一般都由承租人留购。

2. 计算租赁费用

租赁费用由租赁物的现值、出租者为购买租赁物所筹措资金的利息以及租赁手续费等组成，承租企业在租赁期内每期应付的租赁费用包括每期应支付的利息、手续费再加上各期应支付的本金数。租赁费用可以在每期期末支付，也可以在每期期初支付。

提 示

融资租赁行为实质上具有借贷属性。

3. 加强融资租赁管理

(1)企业融资租赁机器设备应向国家批准的租赁公司租赁，并报主管部门和同级财政部门备案。

(2)租赁公司应接受承租企业的委托，购买所需设备。如设备不符合要求，租赁公司应代表承租企业同经营和生产这项设备的企业交涉。

(3)融资租赁的承租企业在租赁期内行使资产使用权，按期支付租金，租赁的资产视同固定资产进行管理，计提折旧和维修保养。

(4)融资租赁设备的折旧年限参照企业同类固定资产的折旧年限确定。

(5)租赁期间应在一定的年限以上，折旧年限在10年以上的设备，租赁期不应低于设备折旧年限的50%～60%；折旧年限在10年以下的设备，租赁期不应低于设备折旧年限的60%～70%。

(6)承租设备的租赁费用包括租赁设备的买价、运输途中保险费、手续费、安装调试费和利息，租金由新增利润和提取的折旧偿还。

租赁是企业经营活动中经常涉及的活动之一，我们要加强对租赁活动的管理和控制。

提 示

截至2012年三季度末，中国共有约500家融资租赁公司，总资产达1万亿元(人民币，下同)左右，比2007年增长了30多倍，其中银行系统的公司资产有7 000多亿元，融资租赁的市场版图不断扩大。继平安保险试水融资租赁后，河北银行拟设立金融租赁公司的消息扑面而来。经过近几年的不断创新和积累，“十二五”时期融资租赁业将迎来黄金发展期。

如何筹集短期资金

短期筹资是解决企业短期资金需求的重要方式。短期筹资方式多样，我们要灵活运用。短期筹资具有如下特点：筹资速度快；筹资富有弹性；筹资成本低；筹资风险高。

一、运用商业信用筹资

1. 应付账款筹资

(1)应付账款是企业购买货物暂未付款而欠对方的账项，即卖方允许买方在购货后一定时期内支付货款的一种形式。卖方利用这种方式促销，而对买方来说延期付款则等于向卖方借用资金购进商品，可以满足短期的资金需要。

(2)应付账款的成本。倘若买方企业购买货物后在卖方规定的折扣期内付款，便可以享受免费信用，这种情况下企业没有因为享受信用而付出代价。

倘若买方企业放弃折扣，该企业便要承受因放弃折扣而造成的隐含利息成本。一般而言，放弃现金折扣的成本可由下式求得：

放弃现金折扣成本 = 折扣百分比/(1 - 折扣百分比) × [360/(信用期 - 折扣期)]

商业信用是指在商品交易中由于延期付款或预收货款所形成的企业间的借贷关系。商业信用产生于商品交换之中，是所谓的“自发性筹资”。它运用广泛，在短期负债筹资中占有相当大的比重。

(3)利用现金折扣决策。在附有信用条件的情况下，因为获得不同信用要负担不同的代价，买方企业便要在利用哪种信用之间做出决策。一般来说存在以下处理方式。

① 如果能以低于放弃折扣的隐含利息成本的利率借入资金，

便应在现金折扣期内用借入的资金支付货款，享受现金折扣。

② 如果在折扣期内将应付账款用于短期投资，所得的投资收益率高于放弃折扣的隐含利息成本，则应放弃折扣而去追求更高的收益。当然，假使企业放弃折扣优惠，也应将付款日推迟至信用期内的最后一天，以降低放弃折扣的成本。

③ 如果企业因缺乏资金而欲展延付款期，则需在降低了的放弃折扣成本与展延付款带来的损失之间做出选择。

提 示

应付账款可以分为：免费信用，即买方企业在规定的折扣期内享受折扣而获得的信用；有代价信用，即买方企业放弃折扣、付出代价而获得的信用；展期信用，即买方企业超过规定的信用期推迟付款而强制获得的信用。

2. 应付票据筹资

应付票据是企业进行延期付款商品交易时开具的反映债权债务关系的票据。根据承兑人的不同，应付票据分为商业承兑汇票和银行承兑汇票两种，支付期最长不超过6个月。应付票据可以带息，也可以不带息。应付票据的利率一般比银行借款的利率低，且不用保持相应的补偿余额和支付协议费，所以应付票据的筹资成本低于银行借款成本。但是应付票据到期必须归还，如若延期便要交付罚金，因而风险较大。

3. 预收账款筹资

预收账款是卖方企业在交付货物之前向买方预先收取部分或全部货款的信用形式。对于卖方来讲，预收账款相当于向买方借用资金后用货物抵偿。预收账款一般用于生产周期长、资金需要量大的货物销售。

二、运用短期借款筹资

1. 取得短期借款

企业举借短期借款，首先必须提出申请，经审查同意后借贷双方签订借款合同，注明借款的用途、金额、利率、期限、还款方式、违约责任等，然后企业根据借款合同办理借款手续，借款手续完毕，企业便可取得借款。

（1）信贷限额。信贷限额是银行对借款人规定的无担保贷款的最高额。信贷限额的有效期限通常为一年，但根据情况也可延期一年。企业在批准的信贷限额内，可随时使用银行借款。但是，银行并不承担必须提供全部信贷限额的义务。如果企业信誉恶化，即使银行曾同意按信贷限额提供贷款，企业也可能得不到借款。

（2）周转信贷协定。周转信贷协定是银行具有义务承诺提供不超过某一最高限额的贷款协定。在协定的有效期内，只要企业的借款总额未超过最高限额，银行必须满足企业任何时候提出的借款要求。企业享用周转信贷协定，通常要就贷款限额的未使用部分付给银行一笔承诺费。

（3）补偿性余额。补偿性余额是银行要求借款企业在银行中保持按贷款限额或实际借用额一定百分比的最低存款余额。对于借款企业来讲，补偿性余额则提高了借款的实际利率。

（4）借款抵押。短期借款的抵押品经常是借款企业的应收账款、存货、股票、债券等。抵押借款的成本通常高于非抵押借款，这是因为银行主要向信誉好的客户提供非抵押贷款；而将抵押贷款看成是一种风险投资，故而收取较高的利率；同时银行管理抵押贷款要比管理非抵押贷款困难，为此往往另外收取手续费。

企业向贷款人提供抵押品，会限制其财产的使用和将来的借款能力。

2. 支付借款利率

一般来讲，借款企业可以用三种方法支付银行贷款利息。

(1)收款法。收款法是在借款到期时向银行支付利息的方法。银行向工商企业发放的贷款大都采用这种方法收息。

(2)贴现法。贴现法是银行向企业发放贷款时，先从本金中扣除利息部分、而到期时借款企业则要偿还贷款全部本金的一种计息方法。

提 示

周转信贷协定具有长期和短期借款的双重特点。其贷款的实际利率高于名义利率。

(3)加息法。加息法是银行发放分期等额偿还贷款时采用的利息收取方法。在分期等额偿还贷款的情况下，银行要将根据名义利率计算的利息加到贷款本金上，计算出贷款的本息和，要求企业在贷款期内分期偿还本息之和的金额。由于贷款分期均衡偿还，借款企业实际上只平均使用了贷款本金的半数，却支付全额利息。这样，企业所负担的实际利率便高于名义利率大约一倍。

筹集到足够的短期资金是保证企业生产经营正常运转的重要保证，我们必须熟悉短期资金筹集的各种方法。

如何控制筹资成本

在市场经济条件下，企业为筹集和使用资金要付出代价，资金成本就是指企业为筹措和使用资金而付出的代价。资金成本包括筹措资金过程中发生的资金筹集费和使用资金发生的资金占有费两个部分。

一、个别资本成本

(1)普通股筹资成本。

普通股筹资成本 = 第一年预期股利/[普通股筹资金额 ×(1 - 普通股筹资费率)] ×100% + 固定股利增长率

(2)债券筹资成本。债券成本中的利息和长期借款的利息一样都在所得税前列支，但债券发行的筹资费用较高，应予考虑。债券成本可按下列公式计算：

$$K_b = \frac{I_b(1 - T)}{B(1 - F_b)}$$

其中：K_b——债券成本；

I_b——债券年利息；

T——企业所得税税率；

B——债券筹资额，按发行价格确定；

F_b——债券筹资费用率。

(3)长期借款筹资成本。企业长期借款的成本可按下列公式计算：

借款资金成本 = 年借款利息 ×(1 - 所得税率)/(借款金额 - 借款费用)

(4)留存收益资金成本。企业的留存收益是由企业税后净利润形成的，它属于普通股股东。从表面上看，企业使用留存盈利似乎是用自己的钱，不花费什么成本。实际上，股东愿意将留存盈利放在企业而不作为股利分配掉，其目的是用于其他投资而取得与普通股等价的报酬。所以，留存收益也有成本，只不过是一种机会成本而已。

二、综合资本成本

综合资本成本是指企业全部长期资本的总成本，通常是以各种资本占全部成本的比重为权数，对个别资本成本进行加权平均确定的，所以也称加权平均资本成本。其计算公式为：

$$K_w = \sum_{j=1}^{n} K_j W_j$$

其中：K_w——综合资本成本(加权平均资本成本)；

K_j——第 j 种个别资本成本；

W_j——第 j 种个别资本成本占全部资本的比重，即权数。

提 示

综合资本成本是按账面价值确定的，但企业的债券和股票的市场价值往往与账面价值背离，这样会贻误筹资决策。为了解决这一缺陷，个别资本成本占全部资本比重的确定，可以按市场价值或目标价值确定。

三、边际资本成本

边际资本成本是企业追加筹措资本的成本。企业在追加筹资和追加投资的决策中必须考虑边际资本成本的高低。

我们在财务管理中需要解决这样三个问题：一是过去筹集的资金成本；二是目前使用的资金成本；三是新投资项目要筹集的资金成本。其中前两部分资金成本可以通过计算分析加权平均资金成本来解决，但随着时间的推移和筹资条件的变化，各种资金成本都会变化，加权平均资金成本也会发生变化。所以，不能仅仅考虑目前使用的资金成本，还要考虑新项目要筹集资金所花费的成本，这就需要研究计算边际资本成本。

(1)确定公司最优资金结构。进行财务分析，认定最优资金结构。

(2)确定各种筹资方式的资本成本。随着公司筹资规模的不断增加，各种筹资成本也会增加。

(3)计算筹资总额分界点。根据目标资本结构和各种筹资方式资本成本变化的分界点，计算筹资总额的分界点，其公式为：

$$BP_i = TF_i \div K_b$$

其中：BP_i——筹资总额分界点；

TF_i——第 i 种筹资方式的成本分界点；

K_b——目标资本结构中第 i 种筹资方式所占的比例。

(4)计算各种筹资范围的边际资本成本。我们要分析筹资成本，达到控制和降低筹资成本的目的，就不仅仅要分析个别资本成本，而且要分析综合资本成本和边际资本成本。

怎样优化资本结构

良好的资本结构是企业持续发展的一个重要保障。我们要优化资本结构，一方面要熟悉了解各种资本结构理论，另一方面要加强对资本结构的管理。

一、资本结构理论

1. 净收益理论

净收益理论认为，负债可以降低企业的资本成本，负债程度越高，企业的价值越大。这是因为债务利息和权益资本成本均不受财务杠杆的影响，无论负债程度多高，企业的债务资本成本和权益资本成本都不会变化。因此，只要债务成本低于权益成本，那么负债越多，企业的加权平均资本成本就越低，企业的净收益或税后利润就越多，企业的价值就越大。当负债比率为100%时，企业加权平均资本成本最低，企业价值将达到最大值。

提 示

资本结构是指企业各种长期资金筹集来源的构成和比例关系。短期资金的需要量和筹集是经常变化的，且在整个资金总量中所占比重不稳定，因此不纳入资本结构管理范围，在通常情况下，企业的资本结构由长期债务资本和权益资本构成。资本结构指的就是长期债务资本和权益资本各占多大比例。

2. 营业收益理论

营业收益理论认为，不论财务杠杆如何变化，企业加权平均资本成本都是固定的，因而企业的总价值也是固定不变的。这是因为企业利用财务杠杆时，即使债务成本本身不变，但由于加大了权益的风险，也会使权益成本上升，于是加权平均资本成本不会因为负债比率的提高而降低，而是维持不变。因此，资本结构与公司价值无关，决定公司价值的应是其营业收益。

3. 传统理论

传统理论认为，企业利用财务杠杆尽管会导致权益成本的上升，但在一定程度内却不会完全抵销利用成本率低的债务所获得的好处，因此会使加权平均资本成本下降，企业总价值上升。但是，超过一定程度地利用财务杠杆，权益成本的上升就不再被债务的低成本所抵销，加权平均资本成本便会上升。以后，债务成本也会上升，它和权益成本的上升共同作用，使加权平均资本成本上升加快。加权平均资本成本从下降变为上升的转折点，是加权平均资本成本的最低点，这时的负债比率就是企业的最佳资本结构。

二、资本结构管理

(1)通过分析融资的每股收益来判断资本结构是否合理，其一般方法是以分析每股收益的变化来衡量。能提高每股收益的资本结构是合理的，反之则不够合理。每股收益的高低不仅受资本结构的影响，还受到销售水平的影响，处理以上三者的关系，可以运用融资的每股收益分析的方法。

每股收益分析是利用每股收益的无差别点进行的。所谓每股收益的无差别点，指每股收益不受融资方式影响的销售水平。根据每股收益无差别点，可以分析判断在什么样的销售水平下适合采用何种资本结构。

传统的每股收益的计算公式为：

每股收益＝(本期毛利润－优先股股利)/期末总股本

小案例

以某公司2012年度的基本每股收益计算为例：

该公司2012年度归属于普通股股东的净利润为25 000万元。2011年年末的股本为8 000万股，2012年2月8日，以截至2011年总股本为基础，向全体股东每10送10股，总股本变为16 000万股。2012年11月29日再发行新股6 000万股。

按照新会计准则计算该公司2012年度基本每股收益：

基本每股收益 =25 000 ÷（8 000 +8 000 ×1 +6 000 ×1/12）=1.52（元/股）。

上述案例如果按照旧会计准则的全面摊薄法计算：

每股收益 =25 000 ÷（8 000 +8 000 +6 000）=1.14（元/股）。

（2）确定最佳资本结构。从根本上讲，财务管理的目标在于追求公司价值的最大化或股价最大化。然而只有在风险不变的情况下，每股收益的增长才会直接导致股价的上升，实际上经常是随着每股收益的增长，风险也加大。如果每股收益的增长不足以补偿风险增加所需的报酬，尽管每股收益增加，股价仍然会下降。所以，公司的最佳资本结构应当可使公司的总价值最高。同时，在公司总价值最大的资本结构下，公司的资本成本也是最低的。

公司的市场总价值V应该等于其股票的总价值S加上债券的价值B，即：

$$V = S + B$$

为简化起见，假设债券的市场价值等于它的面值。股票的市场价值可通过下式计算：

$$S = \frac{(EBIT - I)(1 - T)}{K_S}$$

其中：EBIT——息前税前盈余；

I——年利息额；

T——公司所得税率；

K_S——权益资本成本。

采用资本资产定价模型计算：

$$K_S = R_f + \beta(R_m - R_f)$$

其中：R_f——无风险报酬率；

β——股票的贝塔系数；

R_m——平均风险股票必要报酬率。

而公司的资本成本，则应用加权平均资本成本（K_w）来表示。其公式为：

K_w = 加权平均资本成本即税前债务资本成本 × 债务额占总资本比重 ×（1 - 所得税率）+ 权益资本成本 × 股票额占总资本比重

应该说，资本结构不是一成不变的，随着企业规模和经营的不断发展变化，我们必须不断优化资本结构。

轻松看透企业的偿债能力

对创造价值而言，投资决策是财务决策中最重要的决策。筹资的目的是投资，而投资决定了筹资的规模和时间。投资决定了购置的资产类别，不同的生产经营活动需要不同的资产，因此投资决定了日常经营活动的特点和方式。

在这一章，你将会知道

◇ 如何分析投资环境。

◇ 如何运用投资评估办法。

◇ 如何评估投资项目现金流。

◇ 如何控制速动资产。

◇ 如何控制存货投资。

◇ 如何分析长期投资。

◇ 如何分析固定资产投资。

如何分析投资环境

影响公司投资方向决策的因素很多，可以说，凡是构成公司投资环境的因素都会对公司投资方向产生不同程度的影响。正因为如此，我们要排除众多因素的影响，选择正确的投资方向，而要做到这一点，就必须进行投资环境分析。

一、内部投资环境

(1)投资能力分析。由于公司的资金实力与生产能力有限，即使某一投资颇具吸引力，公司也因为自身能力受限而放弃该投资，只好从能力所及的范围内进行选择。

(2)投资倾向分析。如果决策层(比如说公司董事会)主观上倾向于某一投资领域，便会给投资决策的制定带来较大影响。

提 示

在进行企业内部分析的时候，通常会使用SWOT分析法，也就是一种根据企业自身的既定内在条件进行分析，找出企业的优势、劣势及核心竞争力之所在的企业战略分析方法。其中企业内部因素S代表strength(优势)，W代表weakness(弱势)；对企业来说的外部因素O代表opportunity(机会)，T代表threat(威胁)。这个分析方法适用范围非常广泛。

二、外部投资环境

(1)分析产业政策。国家总是会在一定时期制定出适应固定经济发展的产业政策。公司应该根据形势选择投资方向，其投资不仅具有较好的发展前景，而且多半能享受政策扶持与优惠。因此，我们在选择投资方向和投资领域时，要尽可能从符合国家产业政策的领域中选择。

(2)评估资源供给。企业的最终目的是追求成本最小化，收益最大化。

提 示

巧妇难为无米之炊。分析投资环境是选择正确投资方向的基础。为完成投资目标的投资决策者在进行投资方向决策时都会考虑资源问题。如果资源供给不能得到保障，不要说投资目标难以实现，就连公司的正常经营也会受到严重影响。

(3)预测市场需求。在市场经济条件下，需求决定供给是一个不争的事实，公司投资计划依照需求的近期与远期发展趋势而制定，必然有利于其产销两旺，赚取利润。

提 示

在进行企业外部条件分析的时候，通常会采用波特的五力分析模型(见图6－1)，可以有效地分析客户的竞争环境。“五力”分别指供应商的讨价还价能力、购买者的讨价还价能力、潜在竞争者进入的能力、替代品的替代能力、行业内竞争者现在的竞争能力。

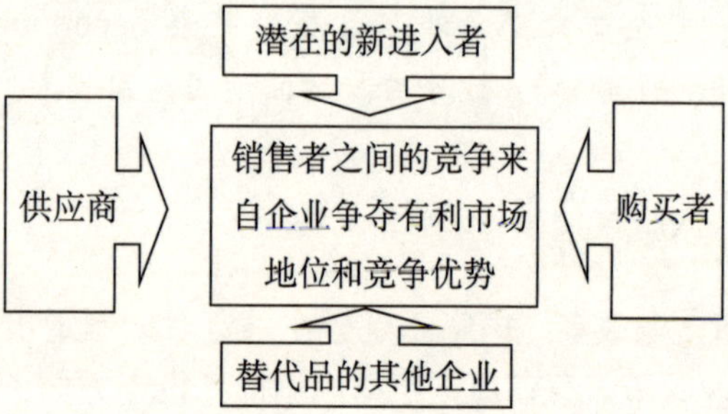

图6－1 五力分析模型

如何运用投资评估方法

投资是企业创造价值最重要的活动。我们在确定投资方向和投资项目后，应该运用投资评估方法，对投资项目进行评价。

一、贴现评价方法

1. 净现值法

(1)净现值是指未来现金流入的现值与未来现金流出的现值之间的差额。按照这种方法，所有未来现金流入和流出都要按预定贴现率折算为它们的现值，然后再计算它们的差额。

如净现值为正数，即贴现后现金流入大于贴现后现金流出，该投资项目的报酬率大于预定的贴现率。如净现值为零，即贴现后现金流入等于贴现后现金流出，该投资项目的报酬率相当于预定的贴现率。如净现值为负数，即贴现后现金流入小于贴现后现金流出，该投资项目的报酬率小于预定的贴现率。

(2)计算净现值的公式：

$$净现值 = \sum_{t=0}^{n} \frac{I_t - O_t}{(1+r)^t} = \sum_{t=0}^{n} \frac{N_t}{(1+r)^t}$$

式中：I_t——第 t 年的现金流入量；

O_t——第 t 年的现金流出量；

N_t——第 t 年的现金净流量；

n——项目预计使用年限；

r——贴现率。

提 示

投资项目的收益率超过资本成本时，企业的价值将增加；投资项目的收益率小于资本成本时，企业的价值将减少。

2. 现值指数法

(1)现值指数是未来现金流入现值与现金流出现值的比率，也称现值比率、获利指数贴现后收益——成本比率等。它是一个相对数指标，反映投资的效率；而净现值指标是绝对数指标，反映投资的效益。

(2)计算现值指数的公式：

$$\text{现值指数} = \frac{\sum_{t=0}^{n} \frac{I_t}{(1+r)^t}}{\sum_{t=0}^{n} \frac{O_t}{(1+r)^t}}$$

式中：I_t——第 t 年的现金流入量；

O_t——第 t 年的现金流出量；

n——项目预计使用年限；

r——贴现率。

(3)现值指数法的主要优点是可以进行独立投资机会获利能力的比较。现值指数可以看成是 1 元原始投资可望获得的现值净收益，因此，可以作为评价方案的一个指标。现值指数大于或等于 1 的方案是可取的；否则不可取。在现值指数大于 1 的诸投资方案中，现值指数最大的方案为最优方案。

3. 内含报酬率法

(1)内含报酬率是指能够使未来现金流入量现值等于未来现金流出量现值的贴现率，或者说是使投资方案净现值为零的贴现率。

(2)内含报酬率的计算，通常需要“逐步测试法”。首先估计一个贴现率，用它来计算方案的净现值：如果净现值为正数，说明方案本身的报酬率超过估计的贴现率，应提高贴现率后进一步测试；

如果净现值为负数，说明方案本身的报酬率低于估计的贴现率，应降低贴现率后进一步测试。

内含报酬率的计算公式：

$$\sum_{t=0}^{n}\frac{I_t}{(1+r)^t}=\sum_{t=0}^{n}\frac{O_t}{(1+r)^t}$$

式中：I_t——第 t 年的现金流入量；

O_t——第 t 年的现金流出量；

n——项目预计使用年限；

r——贴现率。

公式中使等式成立的 r 值，即是要求的内含报酬率。

(3)在计算内含报酬率时不必事先选择贴现率，根据内含报酬率就可以排定独立投资的优先次序，只是最后需要一个切合实际的资金成本或最低报酬率来判断方案是否可行。

小案例

某企业有一个投资项目，需要在项目起点投资 4 500 万元，设备使用 10 年，每年现金净流量 1 000 万元，计算该项目的内含报酬率。如果企业的资金成本为 16%，该项目是否可行？

根据内含报酬率计算公式，有：

$1\,000\times(P/A, r, n)=4\,500 \qquad (P/A, r, n)=4.5$

查年金现值系数表，得到：

$(P/A, 18\%, 10)=4.4941 \qquad (P/A, 16\%, 10)=4.8332$

由于 $4.4941<4.5<4.8332$，采用插值法：

$$R=r_{低}+(P/A-P/A_{低})\times\frac{r_{高}-r_{低}}{P/A_{高}-P/A_{低}}$$

$$R=16\%+(4.5-4.8332)\times\frac{18\%-16\%}{4.4941-4.8332}=17.96\%$$

该项目内含报酬率为 17.96%，高于资金成本 16%，故项目可行。

二、非贴现评价方法

1. 回收期法

回收期是指投资引起的现金流入累计到与投资额相等所需要的时间。它代表收回投资所需要的年限。回收年限越短，投资方案越有利。

(1)在原始投资一次支出，每年现金净流入量相等时：

投资回收期(年)=投资总额÷年现金净流量

(2)如果现金流入量每年不等，或原始投资是分几年投入的，则可使下式成立的n为回收期：

投资回收期=n+第n年末尚未收回的投资额/第n+1年的现金净流量

(3)回收期法计算简便，并且容易为我们所正确理解。它的缺点在于不仅忽视时间价值，而且没有考虑回收期以后的收益。事实上，有战略意义的长期投资往往早期收益较低，而中后期收益较高。回收期法优先考虑短期收益好的项目，可能导致放弃长期成功的方案。

2. 会计收益率法(又称投资报酬率)

这种方法计算简便，应用范围很广。它在计算时使用会计报表上的数据，以及普通会计的收益和成本观念。简单地把投资初始资本支出当作资本占用即成本。

会计收益率=年平均会计利润(折旧后)/平均资本占用

实施投资评价能够降低投资风险，我们必须特别重视投资评价工作的开展。

如何评估投资项目现金流

现金流量在投资决策中是指一个项目引起的企业现金支出与现金收入增加的数量。我们通过对投资项目现金流量的评估，能够更好地进行投资规模控制。

一、评估投资项目现金流量应注意的内容

(1) 区分相关成本和非相关成本。

相关成本是指与特定决策有关的、在分析评价时必须加以考虑的成本，例如，差额成本、未来成本、重置成本、机会成本等都属于相关成本。与此相反，与特定决策无关的、在分析评价时不必加以考虑的成本是非相关成本，例如，沉没成本、过去成本、账面成本等往往是非相关成本。我们要评估投资项目现金流量，就必须区分相关成本和非相关成本。

(2) 不要忽视机会成本。

在投资方案的选择中，如果选择了一个投资方案，则必须放弃投资于其他途径的机会。其他投资机会可能取得的收益是实行本方案的一种代价，被称为这项投资方案的机会成本。

提 示

机会成本不是通常意义上的“成本”，它不是一种支出或费用，而是失去的收益。这种收益不是实际发生的，而是潜在的。机会成本总是针对具体方案的，离开被放弃的方案就无从计量确定。

机会成本在决策中的意义在于它有助于全面考虑可能采取的各

种方案，以便为既定资源寻求最为有利的使用途径。

(3)考虑投资方案对公司其他部门的影响。

当采纳一个新的项目后，该项目可能对公司的其他部门造成有利或不利的影响，从而间接地引致现金流量的增减变动，例如，新建车间生产的产品上市后，原有其他产品的销路可能减少，而且整个公司的销售额也许不增加甚至减少。因此，公司在进行投资分析时，不应将新车间的销售收入作为增量收入来处理，而应扣除其他部门因此减少的销售收入。

(4)分析对净营运资金的影响。

在一般情况下，当公司开办一个新业务并使销售额扩大后，对于存货和应收账款等流动资产的需求也会增加，公司必须筹措新的资金以满足这种额外需求；另一方面，公司扩充的结果，应付账款与一些应付费用等流动负债也会同时增加，从而降低公司流动资金的实际需要。

二、掌握投资项目现金流量的预测方法

1. 逐项预测法

这一方法是对构成项目投资的各项内容逐项进行测算，汇总后即得到投资所需的总投资现金流量。

投资准备费用可通过对完成各项准备工作所需花费的人力物力的估计，对所需各项服务的市场价格的了解等进行合理的预测。设备费用则需通过对设备的价格水平、运输费用、所需数量的了解来预测其购置费用，通过对设备安装的难度、工作量的大小及单位工作量收费标准的估计来预测其安装费用。建筑工程费用要根据建筑物的类型、建筑面积的大小、建筑质量的好坏和建筑费用的标准进行预测。营运资金的垫支则需要通过对项目进行状况的了解和分析来预测。不可预见费用可以以历史数据为基础，同时根据对未来形势的判断做必要的修正后再进行预测。

2. 指数估算法

指数估算法是根据从实践中总结出的项目投资与生产规模间的关系，利用已知的同系列或同类型产品的投资指标来估算不同项目的基建投资额。

提 示

评估投资项目现金流量要看投资项目与原有部门的经营活动是竞争关系还是互补关系。

3. 比例法

比例法首先要知道按现行价格确定的设备交货价格，并计算安装费用，它一般为设备交货价格的43%（平均值），从而求得安装后的设备价值（等于设备交货价格乘以1.43），然后再据此按不同类型、比例计算出各种附属设施，按比例计算施工费用、不可预见费用，如何报废工程损失等，经汇总得出投资项目现金流量。

应该说，投资项目现金流量中的现金是一个相对广义的概念，我们在评估投资项目现金流量时要特别注意。

如何控制速动资产

速动资产是企业变现能力相对较强的资产，我们要加强对速动资产的控制，在保证速动资产安全的同时提高速动资产的使用效率。

一、控制货币资金

（1）控制货币资金规模。

企业货币资金发生增减变动，可能基于以下原因，企业应当根据这些因素的变化而相应调整货币资金规模：

① 销售规模的变动。企业销售规模发生变动，货币资金规模也会随之发生变动，二者之间具有一定的相关性。

② 信用政策的变动。如果企业采用严格的信用政策，提高现销比例，可能会导致货币资金规模提高。

③ 为大笔现金支出做准备。如准备派发现金股利，偿还将要到期的巨额银行借款或集中购货等，这都会增加企业货币资金规模。但是这种需要是暂时的，货币资金规模会随着企业现金的支付而降低。

（2）控制货币资金结构。

比重过高，反映企业资金使用效率低，会降低企业的盈利能力；比重过低，则意味着企业缺乏必要的资金，可能会影响企业的正常经营。分析企业货币资金规模的合理性，要结合企业下列因素共同分析：

① 资产规模与业务量。一般说来，企业资产规模越大，业务量越大，处于货币形态的资产就越多。

② 筹资能力。如果企业有良好信誉，筹资渠道通畅，就没必

要持有大量的货币资金，因为货币资金的盈利性通常较低。

③ 运用货币资金能力。如果我们利用货币资金的能力较强，则货币资金比重可维持较低水平。

④ 行业特点。处于不同行业的企业，货币资金的合理规模存在差异，有的甚至差别很大。

(3) 了解企业是否存在歪曲现金余额的现象。

一些企业在实际中为修饰其资产负债表，常在会计期末时，将会计期间终了后所收到的收入，列入本期的现金内，借以修饰现金余额，提高流动比率和速动比率。

二、控制短期投资

短期投资分析，主要考虑以下的内容：

(1) 了解短期投资增减变动情况及其原因，注意是否存在将长期投资任意结转为短期投资的情况。在实际当中，一些企业为了提高流动比率指标而将长期投资随意结转为短期投资。如果发生这种情况，我们应予以调整。

(2) 注意企业在会计期末时，是否按照会计期末的市价与短期投资账面价值较低的原则计提短期投资跌价准备。在实际当中，一些企业持有的有价证券价格在会计期末大幅度下跌，却没有计提跌价准备，或者虽然计提了跌价准备，但是并没有按照会计期末的市场价格提取，其结果都会高估短期投资账面价值，虚增当期利润。遇到这种情形，我们应予以调整。

三、控制应收账款

(1) 关注企业应收账款的增减变动情况。

如果一个企业的应收账款增长率超过销售收入、流动资产、速动资产等项目的增长率，则可以初步判断其应收账款可能存在不合理的增长。此时，我们应深入分析应收账款增加的具体原因是什么，是否正常。应收账款增加可以由以下几种因素导致：

① 信用政策发生了变化，企业希望通过放松信用政策来增加销售收入。

② 销售量增长导致应收账款增加。

③ 收账政策不当或者收账工作执行不力。

④ 应收账款质量不高，存在长期挂账且难于收回的账款，或者客户发生财务困难，暂时难于偿还所欠货款。

⑤ 会计政策变更。如果一个企业在有关应收账款方面的会计政策发生变更，应收账款也会发生相应变化。

(2)对企业利用应收账款调节利润的情况进行分析。

① 注意企业会计期末突发性产生的与应收账款相对应的营业收入。如果一家企业全年的营业收入，1 至 11 月份各月都较为平均，而唯独 12 月份营业收入猛增，且大部分是通过应收账款产生的，对此就应该深入分析。如果企业确实有利润操纵行为，应将通过应收账款产生的营业收入剔除，同时调整应收账款账面余额。

② 特别关注关联企业之间的业务往来，观察是否存在通过关联企业的交易操纵利润的现象。

当然，速动资产还有其他一些项目，比如说其他应收款，我们要对速动资产进行全面分析，并在此基础上加强对速动资产的控制。

如何控制存货的持有数量

作为企业最重要的流动资产之一，存货不仅通常占整个流动资产的一半以上，而且存货核算的准确性对资产负债表和利润表都有影响，因此我们应特别重视对存货的分析与控制。

一、控制存货规模

对存货规模的控制主要是观察各类存货的变化趋势，分析各类存货的增减变动原因。

企业各类存货的规模及其变动是否合适，应结合企业具体情况进行分析评价。一般说来，随着企业生产规模的扩大，原材料存货和在产品存货相应增加是正常的。如果在产品存货大幅度上升，那么应对存货资产的变动评价持谨慎态度。在产品大幅度变动一方面说明企业的存货资产利用效率存在问题，另一方面预示着该公司在产品成本计算前后期可能存在较大的不一致性，或者在产品盘存制度可能存在问题。因此，应进一步了解和分析在产品增加的真正原因。产成品存货不是为了保证生产经营活动正常进行的必需存货，所以应尽可能压缩到最低水平。

二、控制存货结构

各类存货在企业再生产过程中的作用是不同的。其中原材料存货是维持再生产活动的必要物质基础，但属于生产的潜在因素，所以应把它限制在能够保证再生产正常进行的最低水平上。产成品存货是存在于流通领域的存货，它不是保证再生产过程持续进行的必要条件，因此必须压缩到最低限度。而在产品存货是保证生产过程持续进行的存货，企业的生产规模和生产周期决定了在产品存货的存量，在企业正常经营条件下，在产品存货应保持一个稳定的比例。

一个企业在正常情况下，其存货结构应保持相对稳定性。分析时，应特别注意对变动较大的项目进行重点分析，任何存货比重的剧烈变动，都表明企业生产经营过程中有异常情况发生。因此应深入分析其原因，以便最终能够判断存货结构及其变动的合理性。

三、进行存货计价

(1)分析企业对存货计价方法的选择或变更是否合理。

常见的存货计价方法有先进先出法和加权平均法。因为价格的变动，不同的计价方法会导致不同的后果。

由于选择不同的存货计价方法会产生重大的差异，致使一些企业在实际中往往利用不同的存货计价方法，以实现其操纵利润的目的，对此我们应深入分析。

(2)分析存货的盘存制度对确认存货的数量和价值的影响。

存货可以采用永续盘存制和定期盘存制。由于两种制度的使用条件不同，企业应针对自己企业的特点予以选择。

当企业采用定期盘存法进行存货数量核算时，资产负债表上存货项目反映的是存货的实有数量。如果采用永续盘存法，除非在编制资产负债表时对存货进行盘存，否则，资产负债表上存货项目所反映的只是存货的账面数量。

两种不同的存货数量确认方法会造成资产负债表上存货项目的差异，这种差异不是存货数量本身变动引起的，而是存货数量的会计确认方法不同造成的。

(3)注意企业会计期末是否按照账面成本与可变现净值孰低法的原则提取存货跌价准备，并分析其存货跌价准备计提是否正确。

在实际当中，一些企业不按规定提取存货跌价准备或者提取不正确，致使存货的账面价值高估，当期利润虚增，对此我们应高度重视。

提 示

产成品存货比重逐年下降，可能隐藏下列事实：企业削价销售，导致销售收入减少；预期存货充足，或价格即将下跌而出清存货；存货计价方法改变，或其他原因低估存货；销售政策或销售条件改变。

存货是企业生产经营必须具备的基础，我们要加强对存货的管理与控制。

如何分析长期投资

长期投资一般都具有一定的战略目的，我们在财务控制过程中，要注意对长期投资的分析。

一、观察长期投资的增减变动趋势，分析长期投资的增减变动原因

长期投资除企业进行投资、追加投资和收回投资引起长期投资项目发生变动外，还取决于：

(1)被投资单位的生产经营业绩和利润分配政策。

在采用成本法核算长期股权投资的情况下，如果被投资单位当年经营业绩良好，而且只有在向投资企业宣告分派现金股利或者利润，投资企业的长期投资账面价值才可能会发生变动。而在权益法核算的情况下，被投资单位当年实现的净利润或发生的净亏损均会对投资企业的长期投资账面价值产生影响，因此需要做相应的调整。如果被投资单位宣告要发放现金股利或者利润，投资企业应根据宣告发放的现金股利或利润的从属期间，增加或冲减长期投资账面价值。

(2)企业进行长期投资核算所采用的会计政策。

比如企业是按成本法还是按权益法进行长期股权投资核算；是按直线法还是按实际利率法计算利息和摊销债券溢价，都会对长期投资的账面价值产生影响。

二、注意长期投资的结构变动趋势，分析企业对外投资比重的合理性

一般来说，如果企业生产经营没有达到最佳经济规模，或没有

达到规模经济，就不应把自己的资金大量投入其他企业。实际中，多数企业都希望这个比重高些，主要原因就在于认为资本经营是现代企业经营发展的新趋势，而对外投资就是资本经营的重要形式。

三、评价企业长期股权投资的会计核算方法

选择会计核算方法的标准应该看是否具有控制权进行共同控制或产生重大影响，但是，在实际操作中比较难以把握。因此，通常采用持股比例的方法来进行判断和选择。需要注意的是，具体的持股比例也只是判断是否拥有控制权进行共同控制或具有重大影响的指标而已，并不是绝对标准，它会随着被投资单位股权结构等情况的不同而有所不同。总之，我们应通过搜集和使用更多的资料进行分析，确认长期投资会计核算方法选择的是否恰当。

提 示

由于对长期投资会计政策的选择，会给长期投资账面价值带来很大的影响，因此在实际中，一些企业常常利用长期投资会计政策选择的灵活性，影响长期投资账面价值，达到操纵利润的目的。

四、分析企业对股权投资的差额处理

由于股权投资差额必须按一定年限摊销，摊销金额需要计入当期投资收益，因此股权投资差额摊销的多少会给当期利润造成不同的影响。在实际当中，一些企业出于粉饰经营业绩的动机，不按规定选择摊销年限，而是通过缩短或者延长摊销年限来操纵利润，使得会计报表上的长期投资和利润数字反映不实。我们应通过阅读会计报表附注，判断各个投资项目的股权投资差额摊销年限的确定依据是否充分。

提 示

对外投资比重的多少必须结合企业自身的经营状况、经济规模及发展目标而定。

五、审核长期投资减值准备

计提长期投资减值准备，不但会导致长期投资账面价值的减少，而且会影响当期的利润总额。因此一些企业往往通过少提或者不提长期投资减值准备，来达到虚增长期投资账面和利润的目的。我们应对这种现象提高警惕。在实务当中，对于有市价的长期投资是否应当计提减值准备进行判断比较容易；然而对于无市价的长期投资，如果无法获得被投资单位详细可靠的信息，就难以对投资企业是否应当计提减值准备做出准确的判断。

我们分析企业的长期投资，一方面要分析长期投资的规模和结构，另一方面更要分析长期投资的具体核算方法。

如何分析固定资产投资

固定资产投资决策对企业的发展影响深远，我们可以从固定资产投资规模、结构和核算等角度进行分析，在此基础上加强对固定资产投资的控制。

一、分析固定资产投资规模

(1)分析固定资产原值的增减变动。

固定资产原值的增减变动主要是受当期固定资产增加额和当期固定资产减少额的影响。当期固定资产增加主要因为自行购入、自建自制、接受投资、融资租入、改建扩建、接受抵债、接受捐赠、盘盈、其他原因等引起的；而当期固定资产减少的原因则是出售转让、投资转出、报废清理、盘亏及毁损、发生非常损失、其他原因等引起。

对固定资产原值增减变动情况及变动原因的分析，可根据会计报表附注以及其他相关资料进行。

(2)分析固定资产净值的增减变动。

固定资产净值增减变动主要受两个因素影响：

① 固定资产原值的变动。

② 固定资产折旧额的变动。

对固定资产净值进行分析就是分析固定资产原值和折旧变动对固定资产净值变动的影响。

二、分析固定资产投资结构

固定资产按经济用途和使用情况可分为生产用固定资产、非生产用固定资产，使用中、未使用和不需用固定资产等。在各类固定资产中，生产用固定资产，特别是其中的生产设备，同企业生产经营直接相关，在全部资产中占较大的比重。非生产用固定资产是指员工宿舍、食堂、俱乐部等非生产单位使用的房屋和设备。非生产用固定资产应在发展生产的基础上，根据实际需要适当增加这方面的固定资产，但增长速度一般不应超过生产用固定资产增长速度，它的比重降低应当认为是正常现象。对于未使用的固定资产，如未来得及安装或正进行检修的固定资产，应加强管理，尽可能缩短安装和检修时间，使固定资产尽早投入生产营运中去。

对固定资产结构分析应特别注意从以下三个方面进行：

(1)分析生产用固定资产与非生产用固定资产之间比例的变化情况。

(2)考察未使用和不需用固定资产比率的变化情况，查明企业在处置闲置固定资产方面的工作是否具有效率。

(3)分析生产用固定资产内部结构是否合理，需要注意的是要对固定资产的配置做出切合实际的评价，必须结合企业的生产技术特点。

三、分析固定资产折旧

在进行固定资产折旧分析时，应该注意：

(1)分析企业固定资产预计使用年限和预计净残值确定的合理性。分析时，应注意对固定资产预计使用年限和预计净残值的估计是否符合国家有关规定，是否符合企业的实际情况。

现实中有这样的情况存在，一些采用直线法折旧的企业在固定资产原值没有减少的情况下，通过延长折旧年限，使得折旧费用大量减少，转眼之间就“扭亏为盈”。

提示

合理配置固定资产，既可以在不增加固定资金占用量的同时提高企业生产能力，又可以使固定资产得到充分利用。

(2)分析企业采用的固定资产折旧方法的合理性。企业应当根据科技发展、环境及其他因素，选择合理的折旧方法，但是在实际当中企业往往利用对折旧方法的选择，来达到调整固定资产净值和利润的目的。

(3)观察企业采用的固定资产折旧政策是否前后一致。因为固定资产预计使用年限和预计净残值、折旧方法等一旦确定，除非企业的经营环境发生变化，一般不得随意变更。如果企业变更固定资产折旧方法，可能隐藏一些不可告人的动机。

四、分析固定资产减值准备

在进行固定资产减值准备分析时，应注意企业是否计提固定资产减值准备，计提是否准确。在实际当中，往往存在这种现象，企业的固定资产实质上已经发生了减值，如固定资产由于技术进步已不可使用，但企业却不提或者少提固定资产减值准备，这样不但虚夸了固定资产，而且虚增了利润，结果造成企业会计信息失真，潜亏严重。

固定资产的更新程度决定着企业产品的技术含量，因此，我们必须进行固定资产投资分析，加强对固定资产投资的管理和控制。

经营的财务控制

在这里，经营主要是指财务经营。在经营控制中，我们一方面要借助各种方法，降低各经营环节的成本，实现经营目标；另一方面，需要妥善处理经营成果，要在确保正常生产经营条件的前提下，合理分配经营成果，调动股东和投资者的积极性。

在这一章，你将会知道

◇ 如何编制现金预算。

◇ 如何系统地控制成本。

◇ 如何实施目标成本控制。

◇ 如何实施标准成本控制。

◇ 如何进行成本习性分析。

◇ 如何计算保本点。

◇ 如何运用量、本、利分析方法。

◇ 如何进行利润分配。

如何编制现金预算

在经营过程中，现金持有量过多会造成资金成本的浪费，而现金持有量太少又会影响周转。因此，确定合理的现金持有量是我们的重要职责，而要实现这一目的，就必须编制现金预算。

编制现金预算包括的主要工作如图 7－1 所示。

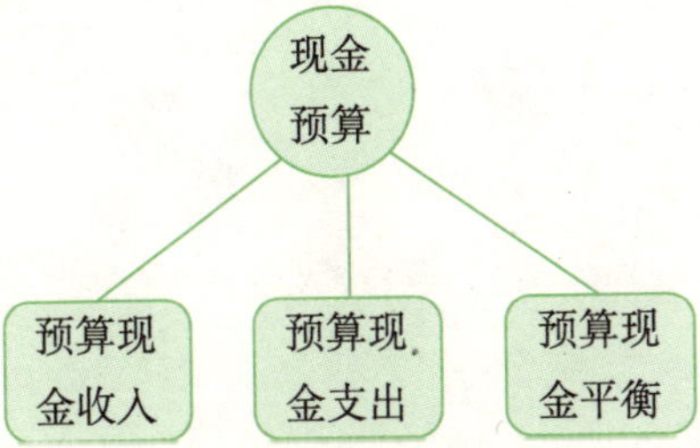

图 7－1　现金预算的组成部分

(1) 预算现金收入部分包括期初现金余额和预算期现金收入，销货取得的现金收入是其主要来源。

(2) 预算现金支出部分包括预算期的各项现金支出。“直接材料”、“直接人工”、“制造费用”、“销售及管理费用”的数据分别来自相关预算，比如销售预算、生产预算、直接材料预算等。

(3) 预算现金平衡。“现金多余或不足”部分列示现金收入合计与现金支出合计的差额。差额为正，说明收大于支，现金有多余，可用于偿还过去向银行取得的借款，或者用于短期投资；差额为负，说明支大于收，现金不足，要以向银行或其他金融机构借款、发行债券或其他方式筹资。

现金预算的编制，以各项营业预算和资本预算为基础，它反映各预算期的收入款项和支出款项。其目的在于资金不足时筹措资金，资金多余时及时处理现金余额，并且提供现金收支的控制限额，发挥现金管理的作用。

如何系统地控制成本

成本是企业生产经营过程中发生的主要支出，是企业参与市场竞争的关键。我们在财务控制过程中，必须进行系统的成本控制。

提 示

成本控制是指运用各种方法，预定成本限额，按限额开支成本和费用，以实际成本和成本限额相比较，衡量企业经营活动的成绩和效果，并以例外管理原则纠正不利差异，以提高工作效率，实现以限额成本控制成本发生的目的。

企业要系统地控制成本需要注意以下五个方面。

(1)成本控制包括的内容。

成本控制包括事前控制、事中控制、事后控制，主要针对成本产生的前中后对成本进行宏观控制。

(2)建立成本控制组织系统。

成本控制系统必须与企业组织机构相适应，也就是企业的财务预算是由若干分级的小预算组成，每个小预算代表一个车间、科室或其他单位的财务计划，与此相关的成本控制，都是分小单位进行的。

(3)开发成本控制信息系统。

信息系统主要包括编制责任预算、核算预算的执行情况和分析评价、报告业绩三个部分。通常企业分别编制销售、生产、成本和财务预算，并按生产经营的领域来落实企业总体计划。

(4)健全成本控制考核系统。

考核制度是控制系统发挥积极作用的重要因素，考核制度需要从各个不同的方面制定。

(5)完善成本控制奖励系统。

在成本控制考核制度的基础上，建立起完善的成本控制奖励制度，能够激发企业各环节各部门控制成本的热情，使成本控制真正落到实处，降低企业的各种成本。

提示

成本控制有狭义和广义之分，狭义的成本控制主要从节流方面考虑，广义的成本控制还要包括开源方面的措施。

如何实施目标成本控制

目标成本是根据预计可实现的销售收入扣除目标利润计算出来的成本。我们可以实施目标成本管理，降低企业的经营成本。

一、确定目标成本

(1)倒扣法。

首先确定产品的目标利润，然后根据产品的市场占有率下可接受的预测销售价格减去目标利润，余下就是目标成本。计算公式如下：

产品目标成本＝产品预测销售价格－单位目标利润

其中，目标利润可以采用以下方法予以确定：

① 采用国内同行业同类产品平均先进的销售利润率乘以本企业该产品的预测销售价格求得。

② 采用本企业历史上较好年度的销售利润率乘以本企业该产品的预测销售价格求得。

③ 采用本企业历史上最好的资金利润率或同行业平均资金利润率，或同行业中最好的资金利润率乘以企业合理的资金平均占用额求得。

(2)盈亏分歧点法。

采用变动成本法编制时，可以按照变动成本法中计算盈亏分歧点的公式，反过来求单位产品可变费用目标成本。

可以选择某一先进的成本水平作为目标成本。先进的成本水平可以根据本企业上年实际平均单位成本和上级下达的成本降低率计算，可以是国内国外同种产品的先进成本水平，可以是本企业历史上先进成本水平，也可以是按本企业先进水平制定的定额成本或计划成本。

二、分解目标成本

(1)分解方法。

① 按产品结构分解。它要求将产品按构成情况分解为若干零部件，然后参考各零件、部件的计划成本将产品目标成本分解为各零件、部件的目标成本。

② 按产品形成过程分解。把目标成本按产品的形成过程分解到产品设计、物资采购、生产制造和产品销售等各个过程中，形成各过程的目标成本。

③ 按产品成本的经济内容分解。把目标成本分解为固定费用和变动费用，然后分别按生产费用要素进一步划分。

(2)分解步骤。

目标成本分解的目的，是将目标成本按照发生的部门和地点进行分配和归集，形成各级责任单位的可控责任成本，并据以进行日常管理和控制。

① 根据成本与产品产量的关系，把目标成本分为固定费用和变动费用两大类。凡随产量变动而变动的费用都是变动费用，反之都是固定费用。固定费用和变动费用的划分比例，应在上年实际比例的基础上，根据管理的要求重新确定。

② 固定费用应根据企业生产经营的实际需要，在调整上年实际比例的基础上分为制造费用和管理费用。制造费用进一步分解形成各项目的费用。

③ 将变动费用按成本项目进行分解。原材料、辅助材料、燃料、动力等按消耗定额分解，生产员工工资按工时定额分解，废品损失应控制在规定的范围内。

提示

目标成本的分解是指把目标成本这个大指标尽可能分解为若干小指标，落实到每个成本责任实体，以形成各责任实体的责任指标。

三、平衡目标成本

分解后的目标成本，还必须经过一个自下而上、再自上而下的综合、调整及平衡过程，最终才能形成各责任单位的责任成本。在目标成本的综合平衡过程中：

(1)各责任单位必须对所属的责任成本指标进行测算，通过努力挖潜，提高劳动生产率，增产节约等措施达到指标要求。

(2)要经过层层综合、层层调整及层层平衡，形成切实可行的责任成本指标体系，从而保证企业目标总成本及目标总利润的实现。

目标成本控制是成本控制中比较常用的方法，我们在财务控制过程中，可以通过实施目标成本控制来降低经营成本。

如何实施标准成本控制

标准成本有不同的表现形式，我们在实施标准成本控制时，必须根据不同的情况，选择不同的标准成本形式。

一、制定标准成本

1. 直接材料标准成本

直接材料标准成本包括直接材料耗用量标准和直接材料价格标准两个因素，每种产品的材料成本是由材料耗用量标准乘以材料价格标准求得的。耗用量标准根据材料的技术分析或现行消耗定额来计算数量标准。价格标准一般可使用厂内计划价格或采购部门和财务部门根据核算资料来确定。

2. 直接人工标准成本

直接人工标准成本包括直接人工消耗标准和直接人工工资率两个因素。直接人工消耗标准可根据一个熟练员工在正常工作条件下的平均先进工时或现行工时定额求得。直接工资率可根据计划工资总额除以直接人工工时总额求得。

3. 制造费用标准成本

制造费用标准成本包括：一是制造费用分配标准，二是制造费用分配率标准。制造费用分配标准一般可采用直接人工工时，制造费用分配率标准可根据费用计划总额除以计划分配标准。

提 示

标准成本不是一成不变的，必须随实际情况的变化而变化。

二、分析成本差异

1. 材料成本差异

材料成本差异包括材料数量差异和材料价格差异两部分。

(1)材料数量差异是指生产过程中材料实际耗用量超过标准耗用量或低于标准耗用量，包括材料的浪费和节约，以及产品结构改变、材料加工方法改变、材料代用等原因造成的超支或节约。计算公式为：

材料数量差异=(实际用量×标准价格)-(标准用量×标准价格)

计算结果，若为负数表示节约，若为正数表示超支。

(2)材料价格差异是指材料外购的实际价格与标准价格之间的差异。计算公式为：

材料价格差异=(实际用量×实际价格)-(实际用量×标准价格)

2. 工资成本差异

工资成本差异包括人工效能差异和工资率差异两部分。

(1)人工效能差异是指直接人工实际加工时间超过或不到标准工时的差异，反映了工人劳动效率的变化。计算公式为：

人工效能差异=(实际工时×标准工资率)-(标准工时×标准工资率)

计算结果，若为负数表示节约，若为正数表示超支。

(2)工资率差异是指每小时实际工资率和标准工资率之间的差异。由于实际工资率是实际总工资除以实际有效总工时求得，因此，凡是员工人数变动、工资基金变动以及非生产工时损失都应包括在工资率差异之中。计算公式为：

工资率差异=(实际工时×实际工资率)-(实际工时×标准工资率)

3. 制造费用差异

制造费用差异包括变动制造费用差异和固定制造费用差异。

(1)变动制造费用差异。变动制造费用差异包括变动制造费用效能差异和变动制造费用耗用差异两部分。计算公式为:

变动制造费用效能差异=(实际工时×标准费用分配率)-(标准工时×标准费用分配率)

变动制造费用耗用差异=(实际工时×实际费用分配率)-(实际工时×标准费用分配率)

计算结果,若为负数表示节约,若为正数表示超支。

(2)固定制造费用差异。固定制造费用差异包括固定制造费用产量差异和固定制造费用预算差异两部分。计算公式为:

固定制造费用产量差异=固定制造费用预算-(实际产量×单位产品标准固定制造费用分配率)

固定制造费用预算差异=固定制造费用实际数-固定制造费用预算数

计算结果,若为负数表示节约,若为正数表示超支。

我们在实施标准成本控制时,一方面必须制定标准成本,另一方面必须分析成本差异。

如何进行成本习性分析

成本习性指成本变动与业务量之间的依存关系。

成本按其习性进行分类，可以分为固定成本、变动成本和混合成本。进行成本习性分析应该分析如下内容。

一、固定成本分析

固定成本，是指不受业务量增减变动的影响，在一定时期和相关范围内保持不变的成本。如：折旧费、保险费、广告费、办公费、租赁费、照明费、采暖费、房屋租金、管理人员工资等。通过分析可知固定成本有以下两个特点：

(1)固定成本总额的不变性。

(2)单位固定成本的反比例变动性。

二、变动成本分析

变动成本，是指随着业务量的增减变动而按一定比例相应变动的成本。如直接材料、直接工资、按销售量支付的销售佣金、燃料费、动力费、装卸费等。变动成本也有如下两个特点：

(1)变动成本总额的正比例变动性。

(2)单位变动成本的不变性。

三、混合成本分析

混合成本，是指介于固定成本和变动成本之间，与业务量变动无明显的比例关系，但也有变动的情况发生。

混合成本的分析，主要是通过研究成本与业务量之间的依存关系，分析其数量上的规律性，进而为加强成本管理及成本的事前、事中、事后控制提供依据，帮助领导搞好预测、决策，实现最大的经济效益。

提 示

要进行成本的习性分析需要一定的条件，即固定成本总额的不变性和变动成本总额的正比例变动性是随一定的时间、地点、业务量等条件而存在的。

如何计算保本点

保本点(Breakeven point)是指总销售收入和总成本相等，既无盈利，也不亏损，正好保本的销售量(销售额)。在该销售量水平下，企业的收入正好等于全部成本，超过这个业务量水平，企业就有盈利；反之，低于这个业务量水平，就会发生亏损。也就是说，保本点越低越好。

保本点作为企业计算盈利的基础，便于企业管理者了解企业在何时保本不亏损；同时，又便于进行目标利润的预测，衡量企业经营的风险程度以及深入分析影响利润变动的因素，为企业经营决策提供必要的数据。

在实际生产经营活动中测算的保本点不是静止不动的，而是随着各种因素的变化而变化的。因此，需要对各个因素做更进一步的分析，以便查明原因，采取果断措施，提高企业的经济效益。

如何运用量、本、利分析方法

量、本、利分析是财务控制中的一种重要方法，它可以用于经营过程中预测、决策、控制、分析及考核等方面。

一、分析经营状况

量、本、利分析用于经营状况分析，首先，它可以通过对盈亏平衡点的计算分析企业在经营中是盈还是亏；然后再进一步分析企业经营是否安全。企业经营安全状况是用经营安全率衡量的，其计算公式是：

$$r=(Y-Y_o)/Y=(R-R_o)/R$$

式中：r——经营安全率；

Y_o——盈亏平衡的业务量；

R_o——盈亏平衡的销售收入；

Y——计划或实现的业务量；

R——计划或实现的销售收入。

经营安全率越大，表示企业经营状况越好。一般认为，经营安全率大于30%表示安全；10%以下表示危险，应发出警告。

二、规划最优利润

企业要增加销售量，有时可采取降低产品售价的策略，即所谓“薄利多销”的办法。但降低售价，有一条界限，即“多销”的所得，不仅要能弥补“薄利”的损失，而且还应有多余。否则，从经济效果这个角度来看，“薄利多销”就没有意义。不同的销售价格，可能会出现不同的销售水平。那么，哪一种价格能够使企业的利润最优呢？如果企业的生产能力有余，同时费用的耗用水平不变，利润最优的方案应该是不同价格下的预计销售所带来的临界收益最大的方案。

三、规划目标利润

企业为了实现目标利润，就需要对影响目标利润的各种因素进行控制。在其他条件不变的情况下，应用量、本、利分析的基本数学模型可以计算实现目标利润的销售量、单位变动成本和固定成本的售价，以用于预测、决策和控制。

四、选择生产方式

一般来说，生产手段越先进，生产效率也就越高，物质消耗就越低，所以单位生产变动成本也就越低，边际贡献率也就越高。那么，能否就可以得出这样的结论：任何情况下，工艺技术都是越先进越好？回答是否定的。因为生产手段越先进，所需要的设备投资就越大，固定资产折旧费也就越多，固定成本也就越高。如果产品销量较少，临界收益低于由于设备先进而造成的较高的固定成本，就会使企业发生亏损，这时候，先进的设备就没有意义。运用量、本、利分析方法，研究销售量、临界收益和固定成本的关系，就可以对不同的生产方式做出正确的选择。

提 示

如果购置新设备以后所增加的临界收益低于新增加的固定成本，购置新设备就无意义。

五、选择产品成本

生产多种产品的企业，由于不同产品所提供的临界收益往往不同，因而产品品种构成的变动会对企业利润总额发生一定的影响。企业在生产安排中，可以根据量、本、利分析方法，合理确定产品结构，以取得较好的经济效益。

以上是运用量、本、利分析方法进行经营分析的主要领域，我们在财务控制中，要重视量、本、利分析方法的运用。

如何进行利润分配

企业的所有员工辛辛苦苦地工作，为企业创造了利润，这块利润“蛋糕”如何分配就成了所有企业人密切关注的问题。有的人会问：是三七开还是四六开？都不是，企业的利润分配有着复杂的程序。

利润分配的顺序有可能影响到利润分配的结果。因此，我们进行利润分配时，必须遵循法定的利润分配程序。

一、掌握利润分配一般程序

企业可供分配的利润，除另有规定外，一般应按以下顺序进行分配：

(1)弥补以前年度亏损。

(2)提取法定盈余公积。法定盈余公积按当年净利润扣除弥补以前年度亏损后的10%提取。

(3)提取任意盈余公积。任意盈余公积的提取比例由股东会或股东大会决定。

(4)向投资者分红利。企业以前年度未分配利润，可以并入本年度向投资者分配。

二、应注意的具体问题

(1)企业因违反国家有关法律规定而被没收的财产损失、因违反税法征管条例而被税务机关处以滞纳金和罚款等，必须用企业的税后利润支付。

(2)企业以前年度发生的亏损，可以在5年内以税前利润弥补。5年内未弥补完，则只能从税后利润中弥补。

提 示

当法定盈余公积金已达到注册资本的50%时可不再提取。

(3)法定盈余公积按照规定的比例提取，目的是保全企业资本，为扩大再生产积累内部资金。法定盈余公积可以按国家规定使用：可用于税后补亏，用于转增资本金等；但使用后的法定盈余公积金的余额不得低于注册资本的25%。

提 示

股份有限公司当年无利润，原则上不得向投资者分配股利，但在盈余公积金弥补亏损后，经股东大会决议，可以按不超过股票面值的6%的比例用盈余公积金分配股利，但盈余公积金余额不得低于注册资本的25%。

三、了解利润分配特殊程序

利润分配的特殊程序是指适用于股份有限公司利润分配的程序。其分配顺序为：

(1)弥补以前年度亏损。

(2)提取法定盈余公积和任意盈余公积。法定盈余公积按税后利润扣除前项以后的10%提取。任意盈余公积由股东会或股东大会决定。

(3)支付优先股股利。

(4)支付普通股股利。

利润分配是企业整体经营活动过程中的一个重要环节，我们必须做好利润分配工作，才能使经营活动顺利进行。

小案例

某公司2012年有关资料如下：

(1)2011年因经营不善亏损500 000元。

(2)2012年利润总额为1 200 000元，其中投资收益100 000元是国库券利息收入，按规定可免缴企业所得税。

(3)2012年因违反税法，被税务机关处于20 000元罚款，列入营业外支出。

(4)公司规定法定盈余公积按10%计提，另计提10%的任意盈余公积，剩余利润按80%分配给投资者。

(5)企业所得税税率为25%。

根据以上资料，具体计算如下。

(1)计算2012年弥补以前年度亏损后的利润：

弥补亏损后利润=1 200 000-500 000=700 000(元)。

(2)计算应交企业所得税额：

应纳税所得额=1 200 000-100 000-500 000+20 000=620 000(元)。

应交企业所得税=620 000×25%=155 000(元)。

(3)计算可供分配的利润：

可供分配利润=1 200 000-500 000-155 000=545 000(元)。

(4)计算提取的法定盈余公积和任意盈余公积：

法定盈余公积=545 000×10%=54 500(元)。

任意盈余公积=545 000×10%=54 500(元)。

(5)计算向投资者分配的利润：

应付利润=(545 000-54 500-54 500)×80%=348 800(元)。

(6)计算未分配利润：

未分配利润=(545 000-54 500-54 500)×20%=87 200(元)。